Ruhrgebiet
Früher und Heute

NORDSTERN

Ruhrgebiet

Früher und Heute

KOMET

Inhalt

Einleitung 7

Stadtbild früher und heute 9

Landschaft, Natur und Umwelt 113

Industrialisierung und Strukturwandel 63

Krieg und Zerstörung 99

Leben früher und heute 129

Register 158

Einleitung

Industriekultur im Revier – Wenn Herbert Grönemeyer liebevoll seine Heimatstadt Bochum besingt, glänzen die Augen vieler Bewohner des Ruhrgebiets – trifft der Text doch auf die gesamte Region zu: „Du bist das Himmelbett für Tauben und ständig auf Koks... Du bist keine Schönheit, vor Arbeit ganz grau. Du liebst dich ohne Schminke, bist 'ne ehrliche Haut, leider total verbaut, aber grade das macht dich aus." Keine Frage – das Ruhrgebiet ist tief verwurzelt mit seinen Menschen und seiner Industrie.

Zwischen Rhein, Ruhr und Lippe erstreckt sich der mit etwa 5,3 Millionen Einwohnern größte Ballungsraum Deutschlands und eine der wichtigsten Industrieregionen Europas. Als offizielle Verwaltungsbezeichnung hat sich der Begriff Regionalverband Ruhr (RVR) etabliert. Bereits im Mittelalter förderten die Menschen hier Kohle zutage, jedoch in noch geringen Mengen. Erst die Erfindung der Dampfmaschine gegen Ende des 18. Jahrhunderts sorgte für eine industrielle Revolution. Sie ermöglichte es den Bergleuten, das Wasser aus den Grubenschächten abzupumpen und so tiefer vorzudringen. Damit boomte schließlich der Bergbau und es bildeten sich im 19. Jahrhundert die Kohlenreviere. Immer mehr Menschen zogen in das wirtschaftlich erfolgreiche Ruhrgebiet, denn hier gab es reichlich Arbeit. Etliche Großstädte entstanden in dieser Zeit. Mit dem Bergbau entwickelte sich auch die Metallverarbeitung, die ersten Eisenhütten gab es hier ab 1758. Eisen und Stahl wurden schließlich von großen Konzernen wie Krupp, Mannesmann und Thyssen produziert. Bis 1850 sind innerhalb weniger Jahre fast 300 Zechen entstanden.

Durch die fortschrittliche Industrie und die Bedeutung des Ruhrgebiets für die Rüstungsindustrie war die Region im Zweiten Weltkrieg besonders betroffen. Als „Battle of the Ruhr" ging seit März 1943 eine fast fünf Monate andauernde Luftoffensive der Briten in die Geschichte ein. Bis zum Ende des Kriegs nahmen die Bombenangriffe sogar weiter zu, als die Amerikaner mit eingriffen. Große Teile bedeutender Ruhrgebietsstädte wie Dortmund, Essen, Mülheim, Gelsenkirchen, Oberhausen, Bochum oder Hagen wurden schwer verwüstet.

Gegen Ende des 20. Jahrhunderts mussten sich die vom Bergbau geprägten Industriemetropolen neu erfinden. Die ehemals reichen Kohlevorkommen gingen zur Neige und verloren an wirtschaftlicher Bedeutung. Trotz der langjährigen Förderung der Kohle durch den Staat wurden viele Zechen geschlossen. Die Kohle- und Stahlindustrie verschwand zunehmend, an ihre Stelle traten Hightech- und IT-Firmen. In der jüngsten Zeit werden allerorts bedeutende Stätten des Kohlebergbaus zu spannenden Begegnungsstätten umgestaltet. Es hat sich eine regelrechte Industriekultur entwickelt. Ob als Veranstaltungsort wie die Zeche Zollverein in Essen, als museale Sehenswürdigkeit wie der Gasometer in Oberhausen oder als beliebter Freizeitpark wie im Landschaftspark Duisburg Nord, die Geschichte der Region bleibt lebendig und das industrielle Erbe erfährt in seiner neuen Interpretation eine neue Blüte.

Am eindrucksvollsten lassen sich die Geschichten von den Veränderungen der Region durch packende Bilder erzählen. 70 Bildpaare in diesem Band dokumentieren Wandel und Kontinuität, machen die Geschichte des Ruhrgebiets lebendig und bieten Stoff zum Nachdenken über die Zukunft. Die eindeutige Sprache, die die einzelnen Bildpaare in ihrem Nebeneinander sprechen, ermöglicht den Blick auf eine verborgene Vergangenheit und lässt die Gegenwart in einem neuen Licht erscheinen. Entdecken Sie das Ruhrgebiet, wie es vielfältiger und bemerkenswerter nicht sein könnte – früher und heute.

Ein Buch, das nachdenklich macht – Bilder, die uns die Augen öffnen.

Zeche Zollverein in Essen Nichts erinnert heute an die schweißtreibende Arbeit, die über mehr als hundert Jahre in der seit 2002 zum UNESCO-Weltkulturerbe gehörenden Kokerei verrichtet wurde.

Moderner Bau mitten in der Stadt Der Zentralbau der Stadt- und Landesbibliothek in Dortmund wurde vom Schweizer Architekten Mario Botta (geb. 1943) entworfen, der unter anderem auch das futuristische Museum of Modern Art in San Francisco gebaut hat.

Stadtbild früher und heute

Der Mensch rückt in den Mittelpunkt Nach stetem Wachstum der Städte des Ruhrgebiets bis in die 1960er-Jahre zeichnet sich nun ein umgekehrter Trend ab, denn die Bevölkerungszahlen sind rükkläufig. Die von der Montanindustrie geprägten Metropolen wandelten sich in den letzten Jahren deutlich. Im Zuge einer nachhaltigen Stadtentwicklung ist man bemüht, die Wohnsituation vielerorts zu verbessern und besonders in Sachen Soziales, Infrastruktur und Bausubstanz benachteiligte Stadtteile aufzuwerten.

Marl – Goliath
Ein Hochhausriese fällt

2006 Einst war der nach dem biblischen Riesen Goliath benannte Gebäudekomplex in der Innenstadt Marls das Wahrzeichen der am nördlichen Rand des Ruhrgebiets gelegenen Stadt. Die drei nahezu identischen, dicht nebeneinander errichteten Hochhäuser umfassten jeweils 17 Ober- und zwei Untergeschosse. Komplettiert wurde der Komplex durch ein zweigeschossiges Parkhaus. Insgesamt waren in dem seinerzeit höchsten Gebäude im Kreis Recklinghausen 153 Wohnungen zu vermieten. Anfänglich wurde der Standort gut angenommen, denn die Wohnungen hatten einen großzügigen und praktischen Schnitt. Zudem war das Wohnumfeld mit Grünflächen, günstigen Einkaufsmöglichkeiten und kulturellen Angeboten durchaus attraktiv. Doch im Laufe der Jahre wurden seitens der Mieter zunehmend Klagen über die verschiedensten Mängel laut. Bereits Mitte der 1990er-Jahre war die Zahl der leerstehenden Wohnungen stark angestiegen. Auch eine daraufhin vorgenommene 1,5 Millionen Euro teure Renovierung konnte diesen Leerstand nur kurzfristig eindämmen. Schließlich entschloss man sich, das Gebäude aufzugeben und den Pyrotechnikern zu überlassen.

Endgültiger Abschied Im August 2006 wurde der Hochhausriese gesprengt. Um der enormen Staubentwicklung bei dem Einsturz entgegenzuwirken, wurde der Komplex mit Wasser besprengt. Mit Kosten in Höhe von 1,3 Millionen Euro war die spektakuläre Sprengung nicht nur schneller, sondern auch günstiger als ein Abriss. 350 Kilogramm Sprengstoff waren nötig, um den Gesamtkomplex mit einer sogenannten „Kipp-Kollaps-Sprengung" zu Fall zu bringen. Das Aufsehen erregende Ereignis zog rund 7000 Schaulustige an und wurde von Funk und Fernsehen übertragen. Heute steht an dieser Stelle ein Elektronikmarkt.

Marl – Hülsstraße

Vom Stadtzentrum zur verkehrsberuhigten Flaniermeile

1964 Die Hülsstraße war im Jahr 1964 noch die rege befahrene Hauptstraße Marls. Bis zum Bau des neuen Stadtzentrums mit dem Einkaufszentrum Marler Stern, e nem neuen Rathaus und Wohnhochhäusern in den 1960er- und 1970er-Jahren, war die verkehrsreiche Einkaufsstraße das Zentrum der Stadt. Da sich die Stadt aus dem Zusammenschluss mehrerer kleiner Dörfer und Bergarbeitersiedlungen entwickelt hat, fehlte ihr ein historisch gewachsenes Zentrum. Mit Zechengründungen für den Steinkohlebergbau wie die der Zechen Brassert und Auguste Victoria/Blumenthal um die Wende zum 20. Jahrhundert wuchs die 890 n. Chr. erstmals erwähnte Stadt, die seit 1936 Stadtrechte besitzt, stetig. 1938 kam mit den Chemischen Werken Hüls (heute Chemiepark Marl) die Chemieindustrie zum Bergbau hinzu.

Verkehrsberuhigte Zone Heute ist die Hülsstraße in Marl verkehrsberuhigt. Davon abgesehen erinnert immer noch viel an frühere Zeiten. Immer noch ist die Hülsstraße ein zentraler Ort der Stadt und eine wichtige Einkaufsstraße mit zahlreichen Bürogebäuden, Geschäften und Dienstleistungsunternehmen. Da trotz der alliierten Luftangriffe auf die nahe gelegenen Buna-Werke die Zivilgebäude in Marl im Zweiten Weltkrieg weitgehend unbeschädigt blieben, sind in der Hülsstraße immer noch viele Fassaden – wenn auch restauriert – im Stil des 19. Jahrhunderts gehalten. Inzwischen ist ein Großteil der Ladenschaufenster mit einer vor Regen schützenden Glasüberdachung versehen, worunter der architektonische Charakter der adretten Häuser leider oftmals leidet. Vor der Hausnummer 12a erinnern seit 2004 zwei ins Pflaster eingelassene messingfarbene „Stolpersteine" des Kölner Künstlers Gunter Demnig an das Leben des dort einst ansässigen jüdischen Ehepaars Boldes. Das Denkmal steht stellvertretend für das Schicksal der 29 jüdischen Bewohner der Stadt. Diese waren von den Nazis verfolgt und vertrieben und ihre alteingesessenen Geschäfte infolge der Novemberpogrome 1938 geplündert und in Brand gesteckt worden.

Gladbeck – Zechensiedlung

Kampf gegen Verfallserscheinungen

1988 Vor den Häusern einer Arbeitersiedlung in Gladbeck hängen Unterhemden und andere Wäschestücke zum Trocknen auf den Wäscheleinen. Schon ab dem Jahr 1878 wurde in Gladbeck Kohle gefördert. Die ersten Siedlungen für die Arbeiter entstanden, als infolge des Aufschwungs im Bereich des Bergbaus immer mehr Kumpel aus den unterschiedlichsten Regionen Deutschlands nach Gladbeck zogen, um ihre Arbeitskraft in den fünf örtlichen Zechen zu verdingen. Die Bevölkerungszahlen stiegen in dieser Zeit rapide an: Während es in Gladbeck 1870 erst rund 3000 Einwohner gab, waren es 1915 bereits über 52 000 und in den 1950er-Jahren infolge des gestiegenen Kohlebedarfs nach dem Zweiten Weltkrieg gar 84 000.

Bemühung um einen Neubeginn Noch heute erinnert viel an die Blütezeit des Bergbaus: einstige Zechensiedlungen, alte Zechenmauern oder verwaiste Halden. In Zeiten des Strukturwandels muss einiges getan werden, damit in den ehemaligen Arbeitersiedlungen in Gladbeck nicht Vernachlässigung und Verfall Einzug halten. Um weiterhin als Unternehmens- und Wohnstandort attraktiv zu sein, sorgt die Stadt daher für eine Begrünung mit Parks und kleineren Grünanlagen und die Ansiedlung neuer Unternehmen auf ehemaligen Zechengeländen. Um Firmen anzulocken und neue Arbeitsplätze zu schaffen, wurde mithilfe der Europäischen Union in Gladbeck-Brauck ein Gewerbepark angelegt. Bei verschiedenen Wettbewerben versucht man das Image Gladbecks zu verbessern: 1997 wurde die Stadt vom Bundesfamilienministerium zusammen mit 14 anderen Städten und Gemeinden als besonders kinder- und familiengerecht ausgezeichnet. 2002 folgte der 1. Platz (Städte bis 100 000 Einwohner) als „sportgerechte Stadt". Zahlreiche Feste und Aktivitäten beweisen zudem eindrucksvoll den Wandel zur Kulturstadt: das Festival „Kunst und Jazz im Rathaus", das Appeltatenfest, bei dem sich alles um den Apfel dreht, und ein historisches Volksfest erwecken die Stadt zu buntem Leben.

Duisburg – Hauptbahnhof

Vergrößerung und Modernisierung im Lauf der Jahrzehnte

Um 1910 Imposant und fast malerisch zeigt sich der historische Duisburger Bahnhof auf einer Postkarte. Schon seit 1846 führte eine Strecke der Cöln-Mindener Eisenbahn nach Duisburg. Weitere Strecken kamen hinzu. Der zunehmende Eisenbahnverkehr machte bald einen zentralen Hauptbahnhof notwendig. Die bisherigen separaten Bahnstationen wurden schließlich 1886 zum „Centralbahnhof" zusammengefasst, der als das modernste Bahnhofgebäude seiner Zeit galt. Der Backsteinbau mit den kirchenartigen Fenstern wurde allerdings schon bald zu klein, sodass man an derselben Stelle einen neuen Bahnhof errichtete, der 1934 eröffnet wurde. Nach seiner Zerstörung im Zweiten Weltkrieg durch britische und amerikanische Bomben wurde der Duisburger Hauptbahnhof wieder aufgebaut und im Laufe der Jahrzehnte immer wieder modernisiert.

Schlicht und funktional Der Hauptbahnhof in der nordrhein-westfälischen Stadt Duisburg, hier im März 2008, hat sein Antlitz seit nunmehr 74 Jahren kaum verändert. Schlicht und funktional präsentiert sich der Bau heute. Immer noch wird das Zentrale Empfangsgebäude am Portsmouth-Platz von zwei „steinernen Flügeln" flankiert; die Fassade ist mit dunklen Klinkern verkleidet. Heute frequentieren täglich rund 82 000 Reisende und Besucher den Hauptbahnhof. Tag für Tag halten hier 374 Nah- und Fernverkehrszüge sowie 133 S-Bahnen. Die Fläche der sechs Bahnsteige erstreckt sich über 24 884 Quadratmeter.

Ausgang

Duisburg – Schifferbörse

Büroräume statt Börse, Kulinarisches und Kursräume statt Kohle und Kojen

Erste Hälfte des 20. Jahrhunderts Das prunkvolle Gebäude der Schifferbörse in Duisburg-Ruhrort wurde im skandinavischen Stil auf einem von der Stadt gestifteten Grundstück am Ufer des Hafenmundes erbaut und am 31. Oktober 1901 eröffnet. Mit der Fertigstellung erhielten die Handel treibenden Binnenschiffer, die im Duisburger Hafen ihre Fracht veräußern wollten, eine Anlaufstelle, die sie bei ihren Geschäften unterstützte. Zuvor hatte der Handel auf offener Straße stattgefunden und die Schiffer wurden nicht selten mit falschen Frachtraten und überhöhten Gebühren hinters Licht geführt. Die Schifferbörse schob diesem Treiben einen Riegel vor, denn hier war es nun möglich, mit vereidigten Maklern in sogenannten Kojen geschäftliche Besprechungen zu führen. Die Preise waren transparenter und die Fracht wurde nach Kohle berechnet, weil dies die Ware war, die hauptsächlich gehandelt wurde. Noch heute ist „Kohle" vor allem im allgemeinen Sprachgebrauch in Nordrhein-Westfalen eine gängige Bezeichnung für Geld.

Neubau und Umnutzung Während des Zweiten Weltkriegs wurde die Schifferbörse erheblich beschädigt und brannte schließlich kurz nach Kriegsende durch ein von zündelnden Kindern verursachtes Feuer völlig aus. Gegen 1952 wurde ein neues Gebäude durch die Duisburger Häfen AG errichtet. In dem Haus der Schifferbörse sind heute Büroräume von Speditionen und Schifffahrtsfirmen sowie ein Restaurant untergebracht. Von hier blickt man direkt auf den Hafen, den Rhein und den Museumsraddampfer „Oscar Huber". Der historische Börsensaal wird heute für Gesellschaften und Veranstaltungen genutzt. Die Nebenräume, die ehemaligen „Kojen", sind zu modernen Seminarräumen geworden.

Oberhausen – Osterfeld

Das industrielle Erbe verschwindet aus dem Stadtbild

1976 Das Bild der Kinder, die auf dem Heimweg von der Schule vor dem Hintergrund eines Kühlturms im Oberhausener Stadtbezirk Osterfeld auf dem Bürgersteig spielen, dokumentiert anschaulich das Alltagsleben und die industrielle Umgebung im Revier der 1970er-Jahre. Bereits 1758 wurde in Osterfeld mit dem Bergbau begonnen. Knapp 100 Jahre später entstand die erste Arbeitersiedlung im Stadtteil Eisenheim für die Bergleute der St. Antony-Hütte. Um 1900 machte die 1879 angelegte Zeche Osterfeld die Grundsteinlegung für eine weitere Siedlung im Stadtteil Stemmersberg notwendig. Seit 1957 zählte die Zeche Osterfeld zu den Großschachtanlagen. Ehemals zu Bottrop gehörend, wuchs Osterfeld im Zuge der Industrialisierung schnell an und erhielt 1921 die Stadtrechte. Bereits ein Jahr später wurde sie mit dem Erreichen der 30 000-Einwohnergrenze zum selbstständigen Stadtkreis. 1929 schlossen sich Osterfeld, Sterkrade und (Alt-)Oberhausen zum Stadtkreis Oberhausen zusammen.

Zechenstilllegung Nur noch die alten Häuser der ehemaligen Bergarbeitersiedlung – wenn auch in saniertem Zustand – erinnern heute noch an frühere Zeiten, als der Kohlebergbau seine Blütezeit hatte. Das Bergwerk Osterfeld, das 1981 eine Spitzenförderleistung von 2,8 Millionen Tonnen Kohle erzielte, produzierte als letzte Zeche Oberhausens bis 1992. Einige Teile der stillgelegten Zechenanlage sind noch heute zu besichtigen, darunter das Seilscheibengerüst von Schacht 3, das Verwaltungsgebäude, die Mischhalle und der Förderturm über Schacht 4. Zur Landesgartenschau 1999 wurde das gesamte Gelände in ein Naherholungsgebiet umgewandelt.

Essen – Willy-Brandt-Platz

Die Einkaufsstadt im Revier

Boom im Einzelhandel Am Eingang in die Essener Innenstadt werden die Besucher von der Leuchtschrift „Essen – die Einkaufsstadt" begrüßt, die seit 1951 auf dem Dach des Hotels Handelshof prangt. Reger Auto-, Straßenbahn- und Fußgängerverkehr herrschte in den 1950er-Jahren auf dem Hauptbahnhofsvorplatz, der in die Kettwiger Straße übergeht, wo im Mittelalter das Kettwiger Tor den südlichen Zugang zur Stadt gebildet hatte. Nach dem Zweiten Weltkrieg entwickelte sich Essen zur wichtigsten Einkaufsstadt im Ruhrgebiet, der Einzelhandel löste den Bergbau als Leitsektor der Wirtschaft ab – und die Kettwiger als Haupteinkaufsstraße sowie die von ihr abzweigende Limbecker Straße zogen mit ihren Warenhäusern, Fachgeschäften und Lokalen nicht nur die Essener Bürger, sondern auch zahlreiche Besucher aus den Nachbarstädten des Reviers an.

Königsallee des kleinen Mannes Seit Ende der 1950er-Jahre fährt keine Straßenbahn mehr durch die Kettwiger Straße, am 16. Juni 1965 wurde ein erstes Teilstück autofrei und die Fußgängerzone danach mehrfach erweitert. Jahrzehntelang galt die Kettwiger Straße als „Königsallee des kleinen Mannes", auf ihr zu promenieren und einzukaufen gehörte für die Menschen im Ruhrgebiet einfach dazu. Mit dem Aufkommen großer Shopping-Center sank jedoch seit den 1990er-Jahren der Stern der traditionsreichen Einkaufsmeile. 1993 erhielt der großflächige Bereich gegenüber dem Ausgang des Hauptbahnhofs seinen heutigen Namen Willy-Brandt-Platz, die Kettwiger Straße verkürzte sich entsprechend. Die Aufnahme zeigt den verkehrsberuhigten Platz im Januar 2010: Nachdem am 11. April 2006 Essen stellvertretend für das gesamte Ruhrgebiet zur Kulturhauptstadt Europas 2010 ernannt worden war, schmückte in diesem Jahr den Handelshof stolz ein Banner mit diesem Titel.

Essen – Stammhaus der Krupps

Vom Aufseherhäuschen zum Krupp-Park

Um 1930 Ursprünglich wurde das Stammhaus der Industriellenfamilie Krupp als Haus des Werksaufsehers errichtet, von 1824 bis 1854 war es aber auch das Wohnhaus der Familie Krupp. Zwei Jahre, nachdem die Familie aufgrund finanzieller Schwierigkeiten in das Aufseherhäuschen eingezogen war, verstarb das Familienoberhaupt Friedrich Krupp (1787–1826). Gemäß der Familientradition wurde er auf dem damaligen evangelischen Friedhof zwischen der Ersten und der Zweiten Weberstraße in Essen zu Grabe getragen. Theresia Krupp führte das Unternehmen weiter und begann damit, es aus der Verschuldung zu führen. Ihr Sohn Alfred (1812–1887) entwickelte um 1850 den bahnbrechenden, nahtlos geschmiedeten und gewalzten Radreifen für Eisenbahnen. In den Folgejahren baute er das Unternehmen zum seinerzeit größten Industrieunternehmen Europas aus.

Kultur-, Freizeit- und Gewerbestandort Das einstige Stammhaus der Industriellenfamilie Krupp in Essen liegt auf dem ehemaligen Fabrikgelände an der heutigen Altendorfer Straße (früher Mülheimer Chaussee). Inzwischen gilt das durch die Bombardements im Zweiten Weltkrieg zerstörte und 1961 anlässlich des 150-jährigen Firmenjubiläums nach originalem Vorbild wiederaufgebaute Haus als Symbol für die industriellen Wurzeln dieser Stadt. Nachdem die Industriegebäude in seiner Nachbarschaft abgerissen wurden, erlebt der „Krupp-Gürtel" heute eine Renaissance und entwickelt sich vom ehemaligen Stahl- zu einem bedeutenden Dienstleistungs- und Technologiestandort. Auf dem 22 Hektar großen heutigen Krupp-Park entstehen Flächen für Ausstellungs- und Veranstaltungsräume, Studios und Firmenlofts sowie zahlreiche Kultur-, Sport- und Freizeitangebote auf dem Parkgelände.

Essen – Stadtansicht
Eine Stadt entwickelt sich zum modernen Geschäftsstandort

Um 1850 Der Name der Stadt Essen, hier in einer Lithografie dargestellt, geht auf das um 845 von einer Adelsfamilie gegründete Stift Essen zurück. Das Marktrecht erhielt die Stadt im Jahr 1041. Schon im 14. Jahrhundert interessierte man sich für die Bodenschätze der Region. Zunächst wurde hier Silber, ab etwa 1450 auch Kohle abgebaut. Bereits im späten Mittelalter wurde die Region zur Waffenschmiede. Wie weit die Geschichte aber tatsächlich zurückreicht, offenbarte sich 1926 beim Bau des Rhein-Herne-Kanals in Essen-Vogelheim, als bis zu 280 000 Jahre alte Fundstücke zutage gefördert wurden. Darunter waren die Knochen eines Höhlenlöwen sowie eine Klinge aus Feuerstein, die sogenannte „Vogelheimer Klinge".

Business und Industrie Inzwischen hat Essen ein modernes Antlitz. In den vergangenen Jahrzehnten schwand die einstmals große Bedeutung der Stahlindustrie in der Ruhrmetropole deutlich. Stattdessen ist Essen – stellvertretend für das gesamte Ruhrgebiet – zu einer Kulturhauptstadt Europas geworden. In den Hochhäusern der Essener Skyline haben sich unter anderem Firmenzentralen wie die des Energiekonzerns RWE (links im Bild), das Verwaltungsgebäude des Finanzkonzerns Fortis (Mitte) und der Industriekonzern RAG (zweites Gebäude von rechts) angesiedelt. Mit 5,3 Millionen Einwohnern ist das Ruhrgebiet ein wahrer Schmelztiegel und einer der größten Ballungsräume in der Europäischen Union.

Gelsenkirchen – Kirchstraße

Statt Gründerzeitarchitektur nüchterne Nachkriegsbauten

Um 1900 Mit dem Pferdekarren wird vor dem Haus Nummer 4 der Kirchstraße in Gelsenkirchen Margarine und Marmelade in großen Bottichen und Fässern an die Niederlassung des europaweit operierenden Margarineherstellers Van den Bergh's ausgeliefert. Die abwechslungsreichen Häuserfassaden mit ihren spitzen Giebeln, Erkern und Fensterumrahmungen zeugen vom Wohlstand der ansässigen Händler. Ursprünglich ländlich und dünn besiedelt entwickelte sich Gelsenkirchen erst ab der Mitte des 19. Jahrhunderts zu einem bedeutenden Standort der Kohle-, Eisen- und Stahlindustrie. Im Zweiten Weltkrieg war die Stadt als wichtiger Produktionsstandort der Rüstungsindustrie Ziel zahlreicher Bombenangriffe und wurde fast vollständig zerstört.

Architektur der Nachkriegsjahre Seit dem Wiederaufbau sind die Häuser der Kirchstraße durch nüchtern-funktionale Nachkriegsarchitektur mit schlichten Fassaden geprägt. Heute sind in der zentral inmitten der Gelsenkirchener Altstadt gelegenen Kirchstraße zahlreiche Geschäfte und Dienstleistungsunternehmen ansässig. Nachdem die Montanindustrie in den vergangenen Jahren auch hier zunehmend an Bedeutung verloren hat, definiert sich Gelsenkirchen heute vermehrt als eine moderne Metropole mit einer guten Infrastruktur, die ihre neuen Schwerpunkte auf Wissenschaft, Dienstleistungsgewerbe und High-tech-Produktion setzt.

Gelsenkirchen – Arena
Moderner neuer Stadionbau

1998 Das Vereinslied des FC Schalke 04 mit der Zeile „Tausend Feuer in der Nacht haben uns das große Glück gebracht" und das Fußballstadion „Kampfbahn Glückauf" zeugen noch heute von der Verbundenheit des Fußballvereins zum Bergbau. Denn ohne die finanzielle und bauplanerische Unterstützung der Zeche Consolidation wäre die Grundsteinlegung des Stadions im August 1927 nicht denkbar gewesen. Nicht zuletzt die Unterstützung durch die Fans führte zu vielen sportlichen Erfolgen. So verwundert es nicht, dass der FC Schalke 04 1963 zu den Gründungsmitgliedern der Fußball-Bundesliga zählte. Anfang der 1970er-Jahre war jedoch die „Glückauf-Kampfbahn" zu klein geworden. 1973 bis 2001 war daher das Parkstadion Heimat der Königsblauen. Das neue Stadion bot mit rund 70 000 Plätzen doppelt so vielen Zuschauern Platz und damit auch ein Vielfaches an Stadionatmosphäre.

Fünf-Sterne-Stadion Mit der Einweihung der Arena AufSchalke Mitte August 2001 hatte das alte Parkstadion ausgedient. Anfang 2004 begann man mit einem Teilabriss. Der Bau der neuen Arena verschlang 191 Millionen Euro, die der FC Schalke komplett in Eigenregie schulterte. Fünf Sterne erhielt die Arena AufSchalke von der UEFA, FIFA-Präsident Joseph Blatter sprach bei der Einweihung im August 2001 von einem „Pilotprojekt für die ganze Welt". Die neue Spielstätte, 2005 in Veltins-Arena umbenannt, fasst 61 482 Zuschauer und ist eines der modernsten Stadien der Welt. Nur 30 Minuten dauert es, das Dach zu öffnen, und der Fußballrasen kann zur Regeneration oder um Platz für andere Veranstaltungen wie z. B. Konzerte zu schaffen, auf Schienen aus dem Stadion hinaustransportiert werden. Außerdem ist die Veltins-Arena mit einer eigenen Kapelle ausgestattet, in der die Schalke-Fans sich das Ja-Wort geben oder ihren Nachwuchs taufen lassen können.

Herne – Bahnhofstraße

Entwicklung zur belebten Fußgängerzone

1950er-Jahre Noch verlaufen durch die Bahnhofstraße im Zentrum der seit 1906 kreisfreien Stadt Herne im Norden des Ruhrgebiets die Schienen der Straßenbahn. Diese führte seit ihrer Einweihung im Jahr 1928 von Recklinghausen über Herne nach Bochum und zurück. Während des Zweiten Weltkriegs blieb die Bergbaustadt von Schäden durch Bomben weitgehend verschont, sodass auch in der Nachkriegszeit noch viele neugotische, barocke und Renaissance-Stilelemente das Ambiente der Straße bereichern.

Shopping zu Fuß Die Bahnhofstraße gilt auch heute noch als einer der prächtigsten Boulevards des Ruhrgebiets. Nach der Abschaffung der Straßenbahn ist die Bahnhofstraße eine reine Fußgängerzone und eine ideale Einkaufsmeile. Moderne Gebäude wechseln sich hier mit den stuckverzierten Fassaden der Villen aus der Gründerzeit ab. Am südlichen Ende der Straße ragt der neugotische Kirchturm der evangelischen Kreuzkirche aus dem Jahr 1875 in den Himmel. Ebenfalls zu sehen ist der heute isoliert stehende Glockenturm der katholischen Bonifatiuskirche. Der Rest der ursprünglichen Bausubstanz der Kirche musste 1972 nach Bergschäden abgerissen werden. Seit 2003 befindet sich ebenfalls am südlichen Straßenende das Westfälische Museum für Archäologie, das seine Exponate unterirdisch in nachempfundenen Grabungssituationen präsentiert.

Bochum – Ehrenfeld
Ein Stadtteil entsteht am Reißbrett

November 1939 Vom Knappschaftsgebäude aus blickt man auf die St. Meinolphus-Mauritius-Kirche und die Wohnhäuser im Bochumer Stadtteil Ehrenfeld. Der heutige Stadtteil war zunächst ein stadtplanerisch unerschlossenes Wald- und Wiesengebiet, das nur wenige Menschen bewohnten. Mit dem Aufschwung der Kohle- und Stahlindustrie in der Zeit der Industrialisierung war Bochum sprunghaft angewachsen. 1860 hatte die Stadt gerade einmal 10 000 Einwohner, 40 Jahre später war die Einwohnerzahl um das Siebenfache angewachsen. Aufgrund des steigenden Wohnraumbedarfs in der Zeit um 1900 erschuf der Bauunternehmer Clemens Erlemann (1865–1937) in Ehrenfeld einen komplett neuen Stadtteil.

Veränderte Aussicht Der gleiche Blick im März 2008 zeigt einiges an Veränderung, aber auch viele Ähnlichkeiten. Da der Stadtteil quasi auf dem Reißbrett entstanden ist, verlaufen die Straßenzüge in Bochum-Ehrenfeld weitgehend rechtwinkelig zueinander. Mit der Errichtung der Wohngebäude hatte die Gegend – zusätzlich belebt durch die kostenlose Vergabe von Grundstücken beispielsweise an die Kirche oder an den Allgemeinen Knappschaftsverein – einen stetigen Aufschwung genommen. Auch durch den Bau kultureller Stätten wie des Varietétheaters Orpheum gewann das Ehrenfeld an Attraktivität. Trotz erheblicher Zerstörungen durch den großen Bombenangriff auf Bochum am 4. November 1944, bei dem ein Großteil des Stadtviertels vernichtet und eine Vielzahl der öffentlichen Gebäude zerstört wurden, blieb der ursprüngliche Charakter nach dem Wiederaufbau weitgehend erhalten.

Bochum – Schauspielhaus

Eine Geschichte von Schickalsschlägen

Um 1910 Wie seine Bühne mit ihren fortwährend wechselnden Spielplänen und Akteuren ist auch das Gebäude des Bochumer Schauspielhauses selbst von einem steten Wandel geprägt. 1908 als Varietétheater „Apollo" erbaut, wurde schon bald ein Umbau nötig. Nach Fertigstellung und Neueröffnung des Theaters im Jahr 1915 verdeutlichte die Umbenennung in „Stadttheater" den Wandel. Das Gebäude bot 930 Zuschauern Platz, die neben dem Bühnenprogramm des ersten Intendanten Saladin Schmitt (1919–1949) auch die klassizistischen Formelemente des Baus wie die dorischen Säulen und das Giebeldreieck bewundern konnten. Gegen Ende des Zweiten Weltkriegs ließ jedoch ein Bombentreffer den Vorhang des Theaters endgültig fallen. Nach dreieinhalbjähriger Bauzeit wurde das neue, nun „Schauspielhaus" genannte Gebäude am 15. August 1953 unter dem Intendanten Hans Schalla (1949–1972) wieder seiner Bestimmung übergeben.

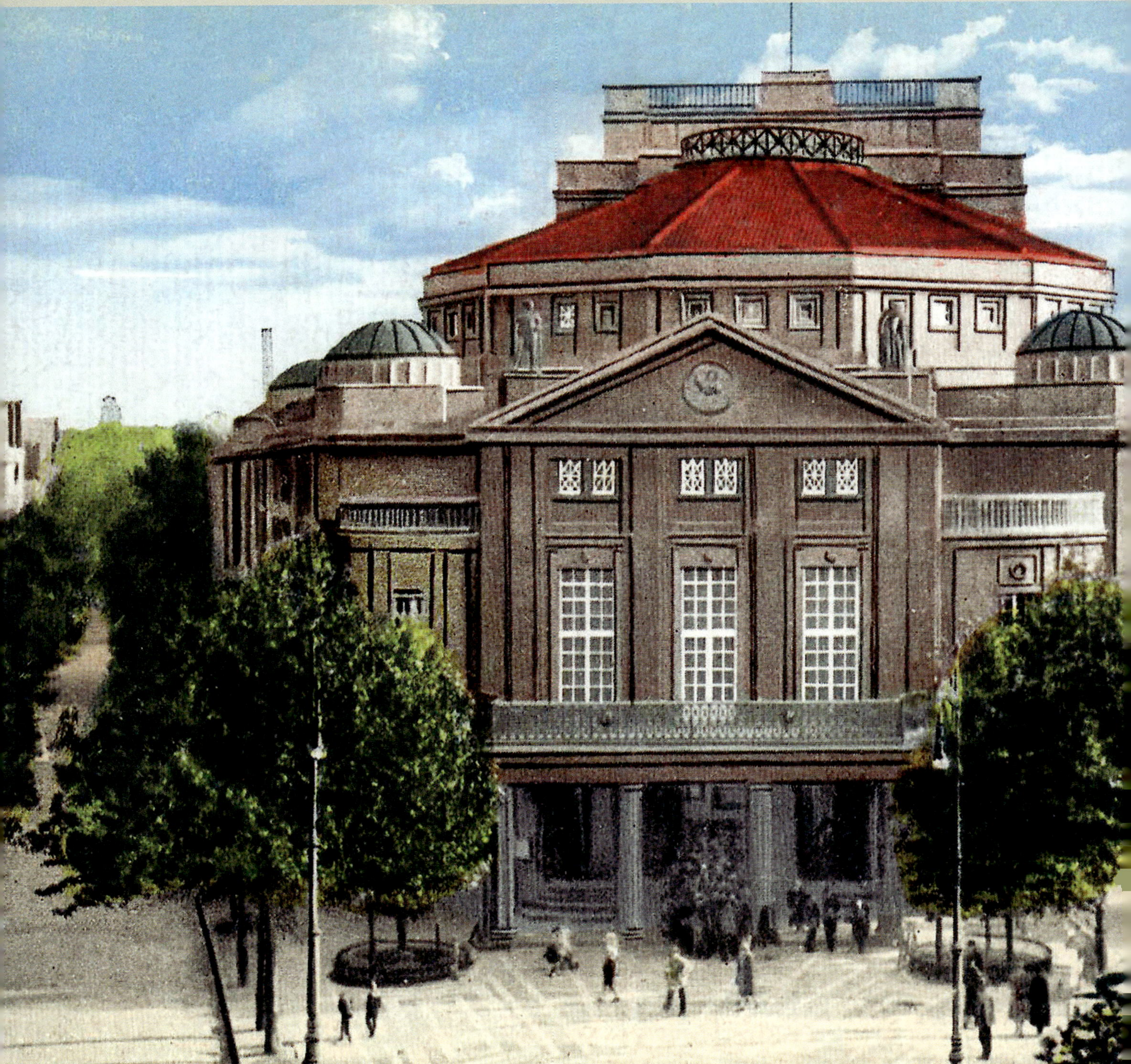

Kultureller Leuchtturm Nach der Wiedereröffnung entwickelte sich das Schauspielhaus Bochum in den folgenden Jahrzehnten unter Intendanten wie Hans Schalla, Peter Zadek, Claus Peymann, Leander Hausmann, Matthias Hartmann und Anselm Weber zu einem der renommiertesten Theater in Deutschland. 1966 wurde das Haus durch die Kammerspiele erweitert: Neben dem Großen Haus, das 811 Zuschauer fasst, wurde damit Raum für weitere 410 Zuschauer geschaffen. Eine dritte, kleinere Spielstätte mit 99 Plätzen für Studioproduktionen kam 1972 direkt unter dem Zuschauerraum des Großen Hauses hinzu.

Dortmund – Hiltropwall

Opfer des Nationalsozialismus und des Zweiten Weltkrieges

Um 1910 Die Bildpostkarte zeigt den Dortmunder Hiltropwall mit seinen Grünanlagen. Im Zentrum des neben den einstigen Wallanlagen der Stadt liegenden Platzes steht das Kriegerdenkmal aus den Jahren 1870/71. Das Werk stammt von dem bekannten deutschen Erzgießer Ferdinand von Miller (1813–1887), der in seiner Funktion als Inspektor der Königlichen Erzgießerei unter vielen anderen Objekten auch die Bavaria-Statue in München erschuf. Im Hintergrund befindet sich die Oberpostdirektion. Sie wurde 1895 im neugotischen Baustil errichtet – ebenso wie die der Postdirektion gegenüberliegende „Alte Synagoge", die 1900 eröffnet wurde. Das Bauwerk des angesehenen Berliner Architekten Eduard Fürstenau (1862–1938) setzte seinerzeit ein Zeichen für die gelungene Integration der jüdischen Gemeinde in Dortmund. Daneben trug auch der damals größte Konsumtempel Westfalens, das 1904 eröffnete Kaufhaus Althoff, ebenso zur Attraktivität Dortmunds bei wie das im selben Jahr eingeweihte Stadttheater und das neue Sparkassen- und Bibliotheksgebäude aus dem Jahr 1908.

Neubeginn 1938, noch vor der Reichspogromnacht, wurde die Alte Synagoge durch die Nationalsozialisten, deren Parteigebäude der Gauleitung sich gegenüber des Sakralgebäudes befand, rechtswidrig erworben und abgerissen. Aber nicht nur die Herrschaft der Nationalsozialisten, auch der Zweite Weltkrieg war Ursache einer grundlegenden Zerstörung am Dortmunder Hiltropwall. Viele der um die Wende zum 20. Jahrhundert entstandenen Gebäude haben die Zeit des Krieges nicht überlebt. So wurden etwa die 1902 bis 1904 erbaute Hauptstelle der Reichsbank sowie das alte Stadttheater am Hiltropwall 15 zerstört. Stattdessen steht heute das mit über 500 Mitarbeitern zu den größten Theatern Deutschlands zählende „Theater Dortmund" an jenem Platz, an dem sich einst die „Alte Synagoge" befand. Auf dem Theatervorplatz erinnert heute eine Gedenktafel an den Platz als einstigen Standort des jüdischen Gotteshauses.

Dortmund – Alter Markt

Funktionaler Wiederaufbau

1899 Am Alten Markt in Dortmund wird inmitten von alten Zunft- und Gildehäusern eine Militärparade abgehalten. Schon in der historischen Stadt war der Markt für die Dortmunder Hanse-Kaufleute ein wichtiger Warenumschlagplatz und somit das quirlige Zentrum der Stadt. Noch heute erinnern traditionsreiche Gewerbegebäude an die Glanzzeiten des dortigen Handels. So befindet sich etwa das Stammhaus der Privatbrauerei Dortmunder Kronen („Wenkers") seit 1430 hier, und die Geschichte der Adler Apotheke reicht bis ins Jahr 1914 zurück. Auf die einstige Markttradition Dortmunds weist auch der bekannte Bläserbrunnen hin, dessen Mitte eine lebensgroße Statue mit einem Jagdhorn ziert und der in den Zeiten der Pferdekutschen den Tieren als Tränke diente. Allerdings hat der Zweite Weltkrieg auch am Alten Markt seine Spuren hinterlassen.

Sachliche Nachkriegsbauten Im Zuge einer weitreichenden Sanierung des Alten Markts wurde die heute hier vorherrschende sachliche Architektur, die sich hier nach dem Wiederaufbau etabliert hatte, durch eine helle Pflasterung, verschiedene Sitzgelegenheiten und Bäume aufgelockert. Im Sommer bietet das hier ansässige Gaststättengewerbe fast über die gesamte Fläche des Marktes gastronomischen Service an, überall finden die Besucher Sitzplätze unter freiem Himmel. Zur Fußballweltmeisterschaft im Jahr 2006 hatten alle Anwohner des Markts ihre Fassaden in freundlichen Farben erneuert, und die Fußballfans sorgten für reges Treiben. Am Alten Markt finden Stadtfeste oder auch der Dortmunder Weihnachtsmarkt statt.

Dortmund – Wirtshaus Krone

Jahrhundertealte Brautradition in neuem Gewand

Um 1870 Im Jahr 1430 wird die alte Krone am Markt, das Stammhaus der Dortmunder Kronen-Brauerei, in der Stadtchronik erstmals urkundlich erwähnt. 1729 erwarben die Eheleute Wenker die „Krone am Markt", in deren Familienbesitz das Gebäude bis 1996 blieb. Die Brauerei wurde jedoch 1873 verlegt, da das Stammhaus dem gewachsenen Unternehmen nicht mehr ausreichend Platz bot. Der Großbetrieb zog an die Kronenburg um. Nach der Zerstörung durch einen Brand im Jahr 1880 musste das Stammhaus wiederhergestellt werden. 1945 wurde das Haus bei den Luftangriffen der Alliierten abermals schwer beschädigt und musste nach Kriegsende wieder aufgebaut werden.

Verändertes Erscheinungsbild Ende der 1980er- und Anfang der 1990er-Jahre übernahm die Kronen-Brauerei die beiden Brauereien Stift und Thier. Wenige Zeit nach der letzten Übernahme ergaben sich wiederum neue Besitzverhältnisse: 1996 kaufte die Dortmunder Actien-Brauerei das gesamte Unternehmen auf. Im gleichen Jahr endete auch eine ganz besondere Partnerschaft: Vier Jahre lang war die Privatbrauerei Sponsor des Fußballvereins Borussia Dortmund gewesen. „Kronen und BVB. Gemeinsam stürmen wir für Dortmund" lautete das eingängige Motto. Wie die Biermarken Kronen Pilsener, Kronen Export und Kronen Classic, die von der Dortmunder Actien-Brauerei beibehalten wurden, so ist man auch im Haus „Krone am Markt" der Geschichte des Gebäudes treu geblieben und es besteht als Bierausschank fort.

Dortmund – Brückstraßenviertel

Das älteste Viertel entwickelt sich zum Szene-Treffpunkt

Um 1910 Bereits 1910 herrschte im Brückstraßenviertel, dem ältesten Stadtbezirk in Dortmunds Innenstadt, ein reges Treiben. Wie heute war die Gegend schon Anfang des 20. Jahrhunderts ein beliebtes Einkaufs- und Vergnügungsviertel und jahrzehntelang eine Hauptachse des Dortmunder Straßenbahnnetzes. Die Bombardements während des Zweiten Weltkriegs richteten hier zwar große Schäden an, nach dem Wiederaufbau blieb der Charakter des Viertels jedoch weitgehend erhalten. Nach und nach entstanden große Kaufhausblöcke, während viele der alten, noch erhaltenen Gebäude immer mehr verfielen.

Einkaufsviertel im Strukturwandel Lange Zeit galt die Brückstraße nördlich der Reinoldikirche wegen der Drogen- und Rotlichtszene, die sich hier in den 1980er-Jahren ausgebreitet hatte, als heruntergekommen und zwielichtig. Dies änderte sich, nachdem die Stadt Fördergelder für ein Sanierungsprojekt bereitgestellt hatte. Im Rahmen der Modernisierung wurden die Fassaden bunt und freundlich gestaltet. Zudem entstand hier ein breites kulturelles Angebot. Heute sind die Brückstraße und der angrenzende Westenhellweg besonders bei jungen Leuten sehr beliebt, denn neben Läden mit junger Mode finden sich hier auch angesagte Diskotheken, Bars und Restaurants, die ein reges Nachtleben garantieren. Noch einmal einen Einschnitt stellte allerdings die Schließung des Karstadt-Technikhauses 2010 dar: Die insolvente Warenhauskette schloss in diesem Jahr sechs ihrer bundesweit 126 Filialen, darunter das Dortmunder Haus auf der Ecke von Brück- und Kampstraße. Die Aufnahme auf der rechten Seite oben zeigt das Technikhaus im Februar 2008, das Foto rechts unten blickt im Oktober 2014 auf die Immobilie: Das fünfstöckige, 16 000 Quadratmeter große Haus steht größtenteils leer, das Erdgeschoss wurde seit der Schließung von verschiedenen Zwischennutzern als Verkaufsfläche für Preiswert-Ware genutzt.

KARSTADT

Dortmund – Union-Brauerei

Nur das „U" kann dem Abriss trotzen

1954 Das älteste Hochhaus Dortmunds steht an der Kreuzung zwischen Rheinischer und Brinkhoffstraße im einstigen Brauereiviertel. Bauherr und Nutzer war seinerzeit die 1870 als Struck & Compaignie-Brauerei gegründete und 1873 umbenannte Union-Brauerei. Das in den 1920er-Jahren als größte Brauerei Deutschlands geltende Unternehmen ließ das Gebäude für ihre Betriebsanlagen bauen. Nach den Plänen des Ingenieurs Emil Moog wurde es von April 1926 bis Juni 1927 errichtet und diente 67 Jahre lang als Gär- und Lagerkeller.

Zentrum für Kunst und Kreativität Seit den 1960er-Jahren ziert den Brauereiturm ein neun Meter hohes goldenes „U", dem das Gebäude seinen Namen „Dortmunder U" verdankt. 1994 verlegte die Brauerei ihre Produktion an den Stadtrand, der alte Gebäudekomplex wurde abgerissen. Nur der U-Turm blieb erhalten und wurde, umgebaut und erweitert, als „Zentrum für Kunst und Kreativität" am 28. Mai 2010 teileröffnet. Auf sieben Stockwerken befinden sich kulturelle Einrichtungen, Teile der Fachhochschule und der Technischen Universität Dortmund, das Museum Ostwall und zwei Restaurants. In der Dachkrone leuchtet am Abend weithin sichtbar eine Filminstallation des Regisseurs Adolf Winkelmann – gekrönt vom goldenen „U". Das Kulturzentrum setzt in Ausstellungen, Filmprogrammen, Vorträgen und Konzerten den Schwerpunkt auf die Bildende und die Medienkunst im 20. und 21. Jahrhundert.

Dortmund – Burgwall

Dortmunds historisches Zentrum wird modernisiert

Um 1895 In der Nähe des Hauptbahnhofs gelegen war der Burgwall in Dortmund, die ehemalige Hauptstraße, schon in früheren Zeiten ein stark frequentierter Ort. Ihrer günstigen Lage verdankte die Straße mit den Hotels Kaiserhof und Birkenfeld eine große Dichte an Fremdenzimmern. Ebenfalls am Burgwall wurde 1902 das Olympia-Varietétheater eröffnet. Dem bunten Verkehrsgemisch aus Kutschen, Automobilen, Straßenbahn, Radfahrern und Fußgängern zum Trotz wirkt das rege Treiben der damaligen Zeit noch recht beschaulich. Die Straßen der Dortmunder Innenstadt waren schon damals auf dem Stand der modernsten Technik: Ab 1881 fuhr hier eine Pferdebahn, 1894 wurden die Strecken elektrifiziert. Burgwall und Burgtor verdanken ihren heutigen Namen der Lage am einstigen Befestigungswall der ehemaligen Reichsstadt aus dem 13. Jahrhundert mit der historischen Kaiserburg. Erstmals erwähnt wurde das Burgtor 1257 als „Porta Urbis".

Moderne Bebauung Im Lauf der Jahrhunderte hat Dortmund vielerlei Wandel erfahren: Aus der Bergbaustadt zur Zeit der industriellen Revolution ist nach dem Strukturwandel eine Wirtschafts- und Handelsmetropole mit einem Schwerpunkt auf Hightech und Dienstleistungsgewerbe geworden. Verlief schon im Mittelalter durch das einstige Burgtor ein wichtiger Handelsweg, der über Münster nach Bremen und Lübeck führte, ist der jetzige Burgwall auch heute noch ein wichtiger Verkehrsknotenpunkt. Nach den weitgehenden Zerstörungen des Zweiten Weltkriegs sind die einstigen Gründerzeithäuser größtenteils einer modernen Bebauung gewichen.

Dortmund – St. Reinoldi-Kirche

Sinnbild von Zerstörung und Wiederaufbau

Um 1860 Die St. Reinoldi-Kirche im historischen Zentrum Dortmunds gilt als älteste Kirche der Stadt. Ihr Schutzheiliger und zugleich Patron der Stadt ist der Heilige Rainoldus. Im Mittelalter war sie Zentrum des religiösen Lebens Dortmunds. Die Geschichte der Stadt- und Ratskirche reicht bis ins Jahr 1065 zurück, als die Reliquien des Heiligen zur Verwahrung in die damals noch ottonisch gestaltete Saalkirche mit Querschiff gebracht wurden. Der große Ratschor wurde um 1450 fertiggestellt, die Errichtung der Sakristei fiel ebenfalls in diesen Zeitraum. Nach der Reformation wurde die Kirche zur evangelischen Stadtkirche. Im Lauf der Geschichte musste die Kirche immer wieder infolge von Bränden und Kriegszerstörung wiederaufgebaut werden.

Auf- und Anbau Der heutige spätromanische Kirchenbau mit spätgotischem Chor entstand auf der Basis einer Pfeilerbasilika mit Querhaus aus dem Jahr 1270. Nach der Zerstörung im Zweiten Weltkrieg wurde St. Reinoldi mithilfe von Spendengeldern über einen Zeitraum von sechs Jahren wieder aufgebaut. Der wiedererrichtete, 104 Meter hohe Turm kann heute durch den Glockenturm bestiegen werden. Im neuen gläsernen Anbau aus dem Jahr 2006 ist das Reinoldiforum der Evangelischen Stadtkirche Dortmund untergebracht.

Dortmund – Stadt- und Landesbibliothek

Von der Kultur zum Kommerz

1958 Das Dortmunder „Haus der Bibliotheken" zwischen Altem Markt und Wißstraße wurde 1958 eröffnet. Der Volksmund nannte das Gebäude etwas spöttisch „Grabmal des unbekannten Fliesenlegers", Bezug nehmend auf die formal-abstrakte Gebäudegestaltung an der Vorderseite des modernen Gebäudes. Die Ursprünge der Stadt- und Landesbibliothek Dortmund reichen jedoch noch länger zurück: 1907 war die Bibliothek unter dem Namen „Wilhelm-Auguste-Viktoria-Bücherei der Stadt Dortmund" gegründet worden, 1908 eröffnete sie in einem Neubau am Marktplatz neben dem Rathaus. Hier waren seinerzeit die Stadt- und Landesbibliothek, die Städtischen Volksbüchereien sowie das Institut für Zeitungsforschung untergebracht.

Moderner Sportpalast Seit 1999 hat die Stadt- und Landesbibliothek Dortmund nun ihren Sitz in einem neuen Gebäude gegenüber dem Hauptbahnhof. An alter Stelle steht seit 2002 ein moderner Bau aus hellem Sandstein und Glas, das Hansa Carré, das neben zahlreichen Ladengeschäften alles bietet, was sich der Sportbegeisterte wünscht: Es beherbergt das Sporthaus eines Kaufhauskonzerns sowie praktischerweise auch einen großen Sport- und Lifestyleclub.

Dortmund – Westfalenhalle

Betonbau ersetzt die Holzkonstruktion der Vorkriegszeit

1926 Im Hintergrund schneebedeckter Felder präsentiert sich die Dortmunder Westfalenhalle im Januar 1926. Die 1925 auf Anregung des damaligen Dortmunder Stadtbaurats Hans Strobel (1881–1953) gebaute Veranstaltungsstätte war seinerzeit die größte Halle Europas. Im Inneren der Holzkonstruktion fanden über 15 000 Besucher Platz und konnten hier beeindruckende Großereignisse verfolgen. Unter anderem fand hier der legendäre Boxkampf statt, als Max Schmeling 1927 den belgischen Halbschwergewichts-Europameister Fernand Delarge durch K. o. in der 14. Runde vom Thron stieß. Aber auch für politische Kundgebungen wie etwa den ersten Auftritt Adolf Hitlers in Dortmund am 18. Februar 1933 bei einer Kundgebung der NSDAP im Vorfeld der Reichstagswahlen diente die Halle als Schauplatz.

Solider Neubau Nach der Zerstörung durch Bombenangriffe der Alliierten im Zweiten Weltkrieg wurde die Westfalenhalle nach Plänen des Architekten Walter Höltje (1920–2000) als solide Betonkonstruktion wiederaufgebaut. Der markante, freitragende Rundbau der Westfalenhalle wurde am 2. Februar 1952 vom damaligen Bundespräsidenten Theodor Heuss (1884–1963) eröffnet. Weithin sichtbar ist heute das beleuchtete Symbol der Dortmunder Union-Brauerei auf dem Dach der Halle: ein großes, sich drehendes U.

Kamen – Reinhardstraße

Einstige Zechensiedlung in Zeiten des Strukturwandels

Mitte der 1970er-Jahre Um 1870 hielt der Bergbau Einzug in die kleine Stadt Kamen am Flüsschen Seseke. Mit der Errichtung der Zechen Monopol und Königsborn stieg die Einwohnerzahl rasant an. Stammten die ersten Bergleute noch aus der Region und wohnten hauptsächlich in ihren eigenen Häusern oder privat zur Miete, wurden im Zuge des steigenden Arbeitskräftebedarfs auch Bergleute aus den östlichen preußischen Provinzen angeworben, für die in recht kurzer Zeit Wohnraum geschaffen werden musste. Zunächst entstanden daher zwischen 1874 und 1895 Bergarbeitersiedlungen auf den großen Freiflächen der ehemaligen Höfe im Stadtgebiet. Nach 1900 wurden dann auch außerhalb des alten Stadtkerns Arbeiterhäuser errichtet. So baute um die Jahrhundertwende auch die Gewerkschaft Königsborn eine Arbeitersiedlung in der Reinhardstraße im heutigen Stadtteil Heeren-Werve, der bis Ende 1967 noch eigenständig war. Die einfach gebauten Häuser waren meist teils mit Steinfassaden ausgestattete Fachwerkbauten, erst ab der Mitte des 20. Jahrhunderts wurde vermehrt in Stein gebaut.

Sanierter Wohnraum Heute leben in Kamen knapp unter 50 000 Menschen auf einer Fläche von 40 Quadratkilometern. Inzwischen hat hier ein erneuter Strukturwandel Einzug gehalten. 1976 wurde die Schachtanlage Königsborn 2/5 stillgelegt, 1983 auch die Schachtanlage Grillo der Zeche Monopol. Westlich der heutigen Innenstadt erinnert lediglich noch ein Förderturm über dem Schacht Grillo 1 an die Kamener Zeche. Viel mehr ist nicht erhalten von der Zeit, in der unter Tage Kohle abgebaut wurde. Die alten Arbeitersiedlungen sind, meist modernisiert, zumindest zum Teil noch erhalten. Ein mustergültiges Beispiel hierfür ist die in den 1970er-Jahren sanierte ehemalige Zechensiedlung in der Reinhardstraße.

Unna – Dampfmaschine

Ein Symbol der industriellen Revolution verschwindet

Um 1900 Auf dem Gelände der Saline Königsborn stand einst die älteste Dampfmaschine des Ruhrgebiets, die von 1799 bis 1932 in Betrieb war. Sie wurde eigens aus England importiert, wo Thomas Newcomen (1663–1729) 1712 die Dampfmaschine erfunden und der Ingenieur James Watt (1736–1819) 1865 dieses Konstruktionsprinzip weiterentwickelt hatte. Englische Arbeiter bauten die riesige Maschine in Unna auf. Mithilfe der neuen Dampfmaschine gelang es, die tiefliegende, qualitativ hochwertige Sole aus über 50 Meter Tiefe zu den Gradierwerken in 15 Meter Höhe zu pumpen, wo sie zu Salz versiedet wurde. Zuvor war die Sole mit Wind- und Pferdekraft hochgepumpt worden. Die Maschine versetzte die Menschen damals in ungläubiges Erstaunen und läutete nicht nur in Unna den Beginn der industriellen Revolution ein. Die Salzgewinnung gilt als die älteste Industrie Westfalens – schon für das Jahr 1389 ist in Unna die erste gewerbliche Salzgewinnung belegt. Die 1734 gegründete Saline Königsborn war für Preußen damals von großer Bedeutung. Mit einer Produktionsmenge von 8284 Tonnen Salz im Jahr 1847 war sie die größte Saline Westfalens.

Von der Saline zum Wohngebiet Mit dem Versiegen der Solequellen und dem zunehmenden Kohleabbau wurde die Dampfmaschine am 7. Juni 1932 stillgelegt und dem Verfall preisgegeben. Nur Teile konnten in das Bochumer Bergbaumuseum gerettet und dort 1953 wiederaufgebaut werden. Am 19. Juli 1964 wurden auch die letzten Überreste des Maschinenhauses abgerissen. Wo einst die älteste Dampfmaschine des Ruhrgebiets ihren Standort hatte, erinnert lediglich eine kleine Hinweistafel im heutigen Wohngebiet an die Wiege der Industrialisierung in Unna-Königsborn.

Hagen – Rathaus

Querschnitt des baulichen Wandels

Um 1920 In den 1920er-Jahren präsentiert sich die Fassade des Rathauses der am südöstlichen Rand des Ruhrgebiets gelegenen Stadt Hagen noch im Stil der Hanse. Die ruhige Beschaulichkeit sollte hier jedoch nur noch einige Jahre Bestand haben. 1933 übernahm die NSDAP in dem um die Jahrhundertwende entstandenen Gebäude die Macht, im Zweiten Weltkrieg wurde das Rathaus schwer beschädigt. Zwar war die Frontseite größtenteils erhalten geblieben, Ende der 1950er-Jahre entschied man sich jedoch für einen Neubau. Der Giebeltrakt des alten Rathauses wurde hierfür abgerissen. 15 Jahre nach dem Beschluss wurde das neue Rathaus eingeweiht.

Neues Rathaus und Volmegalerie Der Blick über den Friedrich-Ebert-Platz auf das Hagener Rathaus verdeutlicht die Veränderungen, die hier seit der Vorkriegszeit stattgefunden haben. Heute erinnern noch Teile des Rathausturms entfernt an die Gestalt der Vorkriegszeit. Der schnelle Wiederaufbau hat auch hier wie überall in der Stadt Bausünden hinterlassen, die man seit den 1990er-Jahren nach und nach zu tilgen versucht. Beispiele hierfür sind der Neubauteil des Rathauses und die benachbarte Volmegalerie, ein modernes Einkaufszentrum.

Industriekulisse als Teil des Alltags Die Schrebergärten in Gladbeck liegen vor den Kühltürmen des Kraftwerks Scholven in Gelsenkirchen. Die trügerische Idylle zeugt von der immer noch allgegenwärtigen Industriestruktur des Ruhrgebiets.

Industrialisierung und Strukturwandel

Kultur statt Kohle Die Schmelz- und Hochöfen des Ruhrgebiets haben in den vergangenen Jahrzehnten zunehmend an Bedeutung verloren. Es vollzog sich ein struktureller Wandel von der Industrie- zur Hightech- und Dienstleistungsgesellschaft. Fabriken wurden geschlossen und Zechen stillgelegt, sie erfahren heute eine Renaissance als Denkmäler entlang der „Route der Industriekultur" oder werden als Theaterbühne und kulturelle Veranstaltungsorte genutzt.

Hamm – Zeche Sachsen

Umnutzung nach der Stilllegung

1976 Einen denkbaren Kontrast bietet die ruhige und idyllische Atmosphäre der friedlich aneinandergereihten Einfamilienhäuser der Arbeitersiedlung vor den qualmenden Schloten der Zeche Sachsen, die mit ihren Rauchwolken den Himmel verdüstern. Dieser Anblick sollte bald der Vergangenheit angehören: Noch im selben Jahr wurde die Anlage stillgelegt. Vom Aufschwung des Eisenbahnbaus im Ruhrgebiet und der damit beginnenden Industrialisierung beflügelt hatte die Zeche Sachsen, deren Übertagebauten der Architekt Alfred Fischer (1881–1950) geplant hatte, 1912 als letzte Zeche Hamms mit der Kohleförderung begonnen. Mit 1900 Beschäftigten arbeitete nach dem Ersten Weltkrieg mehr als ein Drittel der Einwohner Hamms auf der Zeche. Sie war die östlichste Zeche des Ruhrgebietes und wurde von der „Mannsfeldsche Kupferschiefer bauende Gewerkschaft" betrieben. Seit einer Explosion im Jahr 1944 machte die Zeche immer wieder durch Grubenunglücke von sich reden. Ihre höchste Förderleistung erreichte sie im Jahr 1963 mit 1,22 Millionen Tonnen Kohle.

Wohnen, Gewerbe und Freizeit Nachdem Bohrungen keine weiteren Kohlefelder gefunden hatten, schloss die Anlage 1976, die Schächte wurden verfüllt. Von der ehemaligen Zechenanlage ist heute nicht mehr viel erhalten. Lediglich die Maschinenhalle hat den Sprung ins 21. Jahrhundert geschafft. Als „Alfred-Fischer-Halle" dient die 3000 Quadratmeter große, seit 1991 denkmalgeschützte und 2003 technisch aufwendig modernisierte Halle als Austragungsort von Fachmessen und kulturellen Veranstaltungen. Heute ist das ehemalige Zechengelände zudem Standort des 1992 gegründeten Öko-Zentrums NRW, das zu Fragen rund um das ökologische Bauen berät. Die Häuser der nach der Zechengründung errichteten ehemaligen Arbeitersiedlung sind heute zu einem Großteil in Privatbesitz.

Hamm – Zeche Maximilian

Zum Freizeitpark umgebauter Industriekomplex

1984 Im Rahmen der Vorbereitungen auf die Landesgartenschau im nordrhein-westfälischen Hamm wurde das Gebäude der Kohlenwäsche der früheren Zeche Maxilmilian nach Plänen des Künstlers Dr. Horst Rellecke (geb. 1951) zu einem begehbaren Kunstwerk umgebaut. Das 40 Meter hohe Gebilde erhielt die Form eines Elefanten mit gläsernem Kopf, Rüssel, Rücken und Schwanz. Dahinter befindet sich ein von dem Künstler Friedensreich Hundertwasser (1928–2000) nach ökologischen Gesichtspunkten entworfenes Haus. In der Zeche Maximilian wurde von 1907 bis 1914 Steinkohle gefördert. Als jedoch wiederholt Wassereinbrüche den Abbau erschwerten, wurden die Arbeiten eingestellt. Auch spätere Versuche, den Betrieb wieder aufzunehmen, scheiterten.

Landschaftspark mit Wahrzeichen Nach der 1980 beendeten Zuschüttung der Schächte wurde auf dem ehemaligen Gebiet der Zeche im Jahr 1984 für die erste Landesgartenschau in Nordrhein-Westfalen von den Landschaftsarchitekten Reiner Martin und Wedig Pridik ein Freizeitpark angelegt. Seit seiner Eröffnung hat sich der Maximilianpark zu einem wahren Besuchermagneten entwickelt, der jährlich etwa 400 000 Besucher anzieht. Über eine Fläche von 22 Hektar erstreckt sich eine Parklandschaft mit Attraktionen wie Gartenkunst, Schmetterlingshaus, Wasserspielen und Naturteichen sowie Sonderveranstaltungen und Ausstellungen. Der gläserne Elefant mit seiner Panoramaplattform in 35 Metern Höhe ist seit der Eröffnung des Parks dessen Wahrzeichen.

Bergkamen – Zechen Neu-Monopol und Haus Aden

Der Strukturwandel fordert seine Opfer

1997 Am 7. März blockierten Bergleute durch Sitzstreiks die Bahnanlage vor der Zeche Haus Aden in Bergkamen und protestierten damit gegen die Pläne der Regierung, die Kohlesubventionen zu reduzieren. Der wirtschaftliche Aufschwung hing wie so vielerorts im Ruhrgebiet auch in Bergkamen eng mit der Steinkohle zusammen. Mit Beginn der Förderung vervielfachte sich die Einwohnerzahl von 698 anno 1900 auf 14 480 im Jahr 1965 und 52 000 Einwohner heute. Als andere Zechen im Ruhrgebiet die Förderung einstellten und Schächte zuschütteten, hatte Bergkamen 1981 mit der Schachtanlage „Neu-Monopol" gerade erst eine neue Zeche in Betrieb genommen. Die 1,5 Milliarden DM teure Zeche wurde als ein „Denkmal für die Zukunft der Kohle" angesehen. Schließlich hatte im Ruhrgebiet seit zwei Jahrzehnten keine neue Zeche mehr den Betrieb aufgenommen. Doch schon zwölf Jahre später war die einstige „Zukunft der Kohle" bereits Vergangenheit und auch die Zeche Neu-Monopol wurde stillgelegt.

Sprengung des Förderturms Eine Zeit lang wurde die verringerte Kohleförderung der Anlage Neu-Monopol noch von der Schachtanlage Haus Aden 1/2 übernommen. Die deutlich ältere Zeche aus dem Jahr 1954 galt als die größte Bergbauanlage in Bergkamen. Letztlich aber blieb der Protest der Bergleute vergebens. Auch die Zeche Haus Aden schloss 2001, der Förderturm über Schacht 1 wurde gesprengt und demontiert. Etwa 50 000 der damals noch 85 000 Beschäftigten verloren im Zuge dessen ihre Arbeit. Durch die Zechenschließungen ist jedoch nicht nur die Zahl der Arbeitslosen in die Höhe geschnellt, zudem stehen auch Tausende Quadratmeter Gewerbeflächen leer. Aktuell wird daher an einer Nachfolgenutzung gearbeitet. Geplant ist eine Symbiose von Wohnen, Freizeitgestaltung und Gewerbe.

Bottrop – Welheim

Veränderungen nach der Sanierung

1976 Die Bottroper Arbeiterkolonie Welheim wurde zwischen 1913 und 1923 im Stil einer Gartenvorstadt als Wohnsiedlung errichtet. Sie bot Wohnraum für die Bergleute der 1914 eröffneten Zeche Vereinigte Welheim. Zumeist besaßen die Häuser einen großen Garten und ein kleines Gebäude hinter dem Haus, in dem sich die Toilette und Ställe für Kühe und Kaninchen befanden. Durch die Abgase der nahe gelegenen Kokerei graugefärbte Außenmauern bestimmten lange Zeit die Optik vieler der Gebäude. Nachdem die Schachtanlage „Vereinigte Welheim" ab 1919 nicht mehr förderte, bezog das Hydrierwerk Ruhröl das Gelände. Seitdem dominierten Chemiker und Chemiefacharbeiter sowie Glasarbeiter der benachbarten Ruhrglas AG die örtliche Bevölkerungsstruktur. Im Zweiten Weltkrieg wurden viele der Häuser stark beschädigt und mussten aufwendig wiederaufgebaut werden.

Gesteigerte Wohnqualität Spätestens seit die Gartenstadt in den 1990er-Jahren umfangreich und denkmalgerecht saniert wurde, sind die ehemals grauen Fassaden aus dem Erscheinungsbild gewichen. Auch die Ausstattung der Häuser hat im Zuge der Sanierung an Komfort gewonnen. Heute präsentiert sich die einst kleine Kolonie mit ihren malerischen kleinen Häusern und geschwungenen Alleen als eine der größten und schönsten Bergarbeitersiedlungen im Ruhrgebiet. Für den Blick über die Bäume hinweg auf die Industrieanlagen des Kraftwerkes Scholven entschädigt das viele Grün der Gartenstadt.

Oberhausen – Gutehoffnungshütte

Der Montangigant wird zum Freizeit- und Einkaufszentrum

1864 Das Bild eines recht beschaulichen Arbeitsalltags bietet die St. Antony-Hütte im Gebiet des heutigen Oberhausen-Osterfeld anno 1864. Die 1754 errichtete Hütte ist eine der Vorläuferinnen der späteren Gutehoffnungshütte, zu der 1808 die Eisenhütten St. Antony, Gute Hoffnung und Neu-Essen zu zusammengefasst wurden. Das zum damaligen Zeitpunkt größte Unternehmen des Ruhrgebiets bot 1858 3500 Menschen Arbeit.

1965 Auf dem Gelände der Gutehoffnungshütte steigt schwarzer Rauch aus den Industrieschloten gen Himmel und zeugt so von produktiver Aktivität, während die zum Werk führenden Schienen auf Züge warten, die Rohmaterialien liefern und das hier erzeugte Eisen abtransportieren. Dampfmaschinen, Kräne und Lokomotiven sowie gigantische Brücken und Hallen wurden hier – zwischen Köln-Mindener-Eisenbahn und Rhein-Herne-Kanal – gebaut. In den 1960er- und 1970er-Jahren galt die Gutehoffnungshütte als größter Maschinenbauer Europas.

Ausgedient und verrostet Von der Montankrise blieb auch die Gutehoffnungshütte nicht verschont: Ein spektakulärer Strukturwandel führte das Werksgelände seiner neuen Bestimmung als Freizeit- und Einkaufszentrum, der „Neuen Mitte Oberhausen", zu. Nur noch wenige Relikte aus den Glanzzeiten der einstigen Hütte stehen heute noch, versehen mit einer kleinen erklärenden Tafel ihrer früheren Bedeutung, fast verloren auf dem riesigen Areal der Neuen Mitte. Inzwischen funktionslos geworden setzen sie Rost an und ziehen den einen oder anderen Blick eines vorbeieilenden Besuchers des Einkaufsparadieses Centro auf der Suche nach einem Orientierungspunkt auf sich. Aus einem der bedeutendsten Montankonzerne Deutschlands ist eines der größten Freizeit- und Einkaufszentren Europas geworden.

Oberhausen – Gasometer

Ein Gasbehälter wird kulturelles Wahrzeichen

1993 Ursprünglich diente der Gasometer in Oberhausen der Gutehoffnungshütte als Speicherbehälter für brennbare Gase. 1928/1929 als größter Gasometer Europas errichtet hat der 116 Meter hohe Bau in Oberhausen heute lediglich seinen Namen behalten – als Gasbehälter wird er seit 1988 nicht mehr genutzt. Anfang der 1990er-Jahre entstand im Rahmen des Projekts „Neue Mitte Oberhausen" ein kulturelles und wirtschaftliches Zentrum, dessen weithin sichtbares Wahrzeichen der ehemalige Gasometer ist. Im Rahmen des Stadtentwicklungsprojekts IBA Emscher Park wurde der Gasometer zu einer Veranstaltungshalle umgebaut. „Feuer und Flamme. 200 Jahre Ruhrgebiet" hieß es bei der Eröffnungsveranstaltung 1994, die das Ruhrgebiet zum Thema hatte, in einer der ungewöhnlichsten Ausstellungshallen der Welt.

Gasometer trifft Centro Inzwischen ist der Gasometer als Industriedenkmal der glanzvolle Mittelpunkt der „Neuen Mitte Oberhausen", kurz Centro genannt. In unmittelbarer Nähe des umfunktionierten Industriegebäudes finden auf fast 100 Hektar eine verglaste Einkaufspassage mit mehr als 200 Geschäften sowie 20 Restaurants, ein Freizeitpark, ein Hotel, ein Großkino, ein Park und eine Veranstaltungsarena mit den jeweiligen Parkhäusern ihren Platz. Einen herrlichen Überblick über das riesige Gelände und das westliche Ruhrgebiet kann man sich von einer der drei Aussichtsplattformen auf dem Dach des Gasometers aus verschaffen oder vom Riesenrad gleich nebenan.

Oberhausen – Bergarbeitersiedlung Waldteich

Vom Ghetto zur Idylle

1982 Die Fotografie gewährt einen Blick auf die Hinterhöfe der Bergarbeitersiedlung „Waldteich" in Oberhausen im Hintergrund einer Steinkohlehalde. Der Bergbau hat die 1862 gegründete Stadt geprägt wie kaum eine andere: Im heutigen Ortsteil Osterfeld wurde im Jahr 1758 mit der St. Antony-Hütte die erste moderne Eisenschmelze des Ruhrgebiets errichtet. 1856 entstand im heutigen Oberhausener Stadtgebiet die Zeche Oberhausen, 1873 die Zeche Osterfeld und 1897 die Zeche Sterkrade. Um 1900 kam es durch die Inbetriebnahme der Zeche Hugo Haniel mit Kokerei und Kohlenlager am Waldteich im Nordwesten von Oberhausen und der Errichtung einer Bergarbeiterkolonie zu einem weiteren Zuzug von neuen Einwohnern.

Romantische Hinterhöfe Beschaulich, hell und romantisch präsentieren sich die Hinterhöfe der einstigen Bergarbeitersiedlung der 220 000-Einwohner-Stadt Oberhausen heute. Die zahlreichen Arbeitersiedlungen des 19. und 20. Jahrhunderts haben den Niedergang der Kohleindustrie überlebt und sind heute von besonderem architektonischem und städtebaulichem Interesse. Außer den Bergmannshäuschen erinnert am Waldteich heute nichts mehr an die Zeit der Kohleförderung und den Verfall und die Vernachlässigung während der Kohlekrise. Oberhausen gilt heute vielmehr als Musterbeispiel für einen erfolgreich vollzogenen Strukturwandel. Mit der Entwicklung von der Industriestadt zur Handels- und Freizeitmetropole sowie mit zahlreichen Projekten und Umgestaltungsideen hat sich die kreisfreie Großstadt die Erinnerung an die eigene Geschichte bewahrt und sich gleichzeitig wirtschaftlich neu positioniert. So ist auch die Gegend am Waldteich durch den nahen Gewerbepark mit Logistikzentrum neu belebt worden und hat sich mit einer gut ausgebauten Infrastruktur wieder zu einem beliebten Wohngebiet entwickelt.

Duisburg – Thyssen Stahlproduktion

Strukturwandel und Modernisierung

Um 1930 Duisburg ohne Thyssen ist kaum vorstellbar – zu dominierend sind allein schon die weitreichenden Industrieanlagen im Stadtbild. Die Anfänge der Stahlproduktion gehen hier in das Jahr 1889 zurück, als der Duisburger Großindustrielle August Thyssen (1842–1926) das heutige Werk Bruckhausen eröffnete. Anfang des 20. Jahrhunderts folgte das Duisburg-Meidericher Hüttenwerk mit drei Hochöfen und den dazugehörigen Nebenbauten. Dieser Standort wurde 1985 jedoch geschlossen. Eine heftige Diskussion zwischen Vertretern eines Abrisses und den Befürwortern der Einrichtung eines Industriedenkmals entbrannte. Im Rahmen der Internationalen Bauausstellung wurde die Anlage schließlich als Herzstück in den neuen Landschaftspark Duisburg-Nord integriert. Vom einstigen Hochofen 5 aus bietet sich ein hervorragender Rundblick auf die noch produzierenden Werke Ruhrort, Bruckhausen und Schwelgern.

Größter Stahlproduzent Ein Arbeiter entnimmt dem Hochofen Schwelgern 1 eine Probe glühenden Roheisens. ThyssenKrupp zählt heute mit 17,6 Millionen Tonnen zu den zehn weltweit größten Stahl produzierenden Unternehmen. Lange Zeit lag Duisburg an erster Stelle, weil es über die modernsten und produktivsten Hochöfen verfügte. Mittlerweile wurde Duisburg jedoch von Shanghai abgelöst.

Mülheim – Rhein-Ruhr-Hafen

Aufblühen zu einem der bedeutendsten Häfen des Ruhrgebiets

Vor 1939 Im Zuge der Industrialisierung gewann auch der Fluss Ruhr zunehmend an Bedeutung, sodass er nach 1770 ausgebaut wurde, um die Schifffahrt auch oberhalb der Mülheimer Innenstadt zu ermöglichen. Diese Bemühungen hatten mit dem Bau einer Schleuse 1780 ihr Ziel erreicht. Da die Strecke nun von Hattingen bis zum Duisburger Hafen für Schleppkähne durchgehend passierbar war, führte die Schleuse zu einem schwunghaften Anstieg des Handels mit Kohle, die im Mülheimer Stadtgebiet in den Zechen Humboldt und Sellerbeck gefördert wurde. Mit dem Anschluss Mülheims an das Eisenbahnnetz der Bergisch-Märkischen Eisenbahn im Jahr 1862 und dem Bau der Ruhrtal-Bahn zehn Jahre später bekam die Ruhrschifffahrt starke Konkurrenz. Zwar wurde der Kohlentransport auf der Ruhr bald eingestellt, aber die Ruhrschifffahrt überlebte.

Neue Wirtschaftsstrukturen Seit den 1970er-Jahren macht sich der Strukturwandel auch am Rhein-Ruhr-Hafen bemerkbar. Neue Wirtschaftszweige werden erschlossen und nicht benötigte Teile des Hafenbeckens zugeschüttet, um Platz für die Ansiedlung neuer Unternehmen zu schaffen. Heute gilt der Mülheimer Rhein-Ruhr-Hafen als einer der bedeutendsten Häfen des Ruhrgebiets. Er bietet 86000 Quadratmeter Wasserfläche und ein auf einer Länge von über 3 Kilometern ausgebautes Ufer. Der Ruhrschifffahrtskanal verbindet Mülheim mit dem Duisburger Hafen und dem Rhein-Herne-Kanal.

Essen – Colosseum

Die Industriehalle wird zur Bühne

Um 1914 Das Colosseum, entstanden Anfang des 20. Jahrhunderts als „VIII. Mechanische Werkstatt" der Gussstahlfabrik Friedrich Krupp, wurde nach dem Vorbild der Georgsmarienhütte in Osnabrück erbaut und diente dem Betrieb als Industriehalle. Damals waren 350 Mann an 182 Maschinen damit beschäftigt, unter anderem Schiffsteile, Lokomotivrahmen und Turbinengehäuse herzustellen. Für die dreischiffige Halle mit ihrer markanten Giebelfront wurden 2,8 Millionen Ziegelsteine verbaut. Stützpfeiler, mit denen die Geschossdecken verbunden sind, sichern das vierstöckige Gebäude.

Eventkulisse mit Geschichte Beim Umbau der einstigen Industriehalle in ein Musiktheater in den 1990er-Jahren blieben aus Denkmalschutzgründen die Stahlkonstruktion und das verglaste Dach erhalten. Bis Juli 2010 war die geschichtsträchtige Halle ein reines Musicaltheater, in dem die Ensembles der Musicals „Jesus Christ Superstar", „Elisabeth", „Aida", „Das Phantom der Oper", „Mamma Mia!" und „Buddy" gastierten – leider jedoch nicht rentabel. Seit August 2010 wird das Colosseum Theater als Eventkulisse für Konferenzen, Präsentationen, Kongresse, Musik-, Comedy- und Tanzveranstaltungen sowie für Musicalgastspiele vermietet.

Essen – Zeche Zollverein

Kunst und Kultur statt Kohle und Kumpel

1993 Zur Mitte des vorigen Jahrhunderts ist die Zeche Zollverein ein bedeutendes, im Essener Norden angesiedeltes Steinkohlebergwerk. Generationen von Bergleuten und Kokern leisteten hier Schwerstarbeit, um Kohle vor allem für die boomende Montanindustrie zu fördern. Gegründet wurde die Zeche von dem Industriellen Franz Haniel (1779–1868), der 1847 14 Grubenfelder kaufte, die das „schwarze Gold" beherbergten. Noch im selben Jahr gründete er die bergrechtliche Gewerkschaft Zeche Zollverein. Steinkohle war zu jener Zeit der Energieträger der Zukunft und für die Stahlschmelze wesentlich besser geeignet als die bis dato verwendete Braunkohle.

„Die schönste Zeche der Welt“ Alljährlich erstrahlt die ehemalige Kokerei der Zeche Zollverein im Rahmen der Kulturveranstaltung „ExtraSchicht - Die Nacht der Industriekultur“ in bunten Lichtern. 2001 wurde das Industriedenkmal zum Welterbe der UNESCO ernannt. Die hier stattfindende Eröffnungsfeier zur Kulturhauptstadt Europas 2010, zu der die EU das Ruhrgebiet gekürt hatte, rückte die Zeche Zollverein noch weiter in den Fokus der Öffentlichkeit. Gäste aus aller Welt erleben auf dem authentisch gehaltenen Gelände des Schachts XII Lebenssituation und Arbeitswelt der Bergleute. Eine feuerrot leuchtende Rolltreppe führt zum Portal der Industriekultur in der ehemalige Kohlenwäsche, in deren Innenräumen sich das Ruhr Museum befindet. Auf dem Außengelände führen Wege durch einen Skulpturenwald zur ehemaligen Kokerei mit Denkmalpfad, Werksschwimmbad und anderen Einrichtungen. Vorbei an riesigen Maschinen und Transportbändern geht es unter anderem zum Kesselhaus mit dem Red Dot Design Museum. 2006 wurde am Eingang der Hauptzufahrt zum Gelände der Zollverein-Kubus, ein architektonisch innovatives Hochschulgebäude, errichtet.

Essen – Zeche Zollverein

Ein Wunder der Rationalisierung wird Denkmal der Industriekultur

Nach der Schließung Fast 140 Jahre Industriegeschichte hatte die europaweit größte und leistungsfähigste Zechenlandschaft bis zu ihrer Schließung hinter sich. Das respektable Ergebnis war ein 120 Kilometer langes, bis 1200 Meter in die Tiefe reichendes Tunnelnetz. Auch heute noch von Weitem sichtbar ist das 55 Meter hohe Doppelbockfördergerüst des Schachts 12. Am 31. August 2002 – 15 Jahre, nachdem die letzten Bergleute die Stollen unter Tage verlassen hatten – nahm die UNESCO Schacht 12, die Gründerschachtanlage 1/2/8 und die Kokerei im Rahmen der Europäischen Denkmalschutztage als Industriedenkmal in das Weltkulturerbe auf.

1996 Ilse Brusis, 1995 bis 1998 NRW-Landesministerin für Stadtentwicklung, Kultur und Sport, gibt am 11. Juli 1996 die Bewerbung der Zeche Zollverein 12 als Weltkulturerbe der UNESCO bekannt. Bereits 1847 hatte der Industrielle Franz Haniel (1779–1868) die nördlichste Zeche im Ruhrgebiet gegründet. Nur vier Jahre nach dem ersten Spatenstich zum Anlegen der Schächte 1 und 2 konnte er, dank Anbindung an die Köln-Mindener-Eisenbahn, am 1. März 1851 die erste Schicht in Schacht 1 einläuten. 13 152 Tonnen Kohle förderten die damals 256 Bergleute in der Folgezeit jährlich zutage. Maßgeblichen Einfluss auf die beeindruckenden Förderzahlen hatte das „Wunderwerk der Rationalisierung", wie der Hochleistungsschacht 12 bei seiner Eröffnung genannt wurde. Seit seiner Inbetriebnahme im Jahr 1932 transportierte er mit 12 000 Tonnen abgebauter Kohle täglich das Vierfache anderer Zechen im Ruhrgebiet. In nur 53 Sekunden gelangte der Förderkorb mit seiner Fracht aus 620 Meter Tiefe ans Tageslicht.

Zollverein

Bochum – Opel

Erfolgreicher Industriestandort sucht die Zukunft

1962 In Bochum findet die Endfertigung des Opel Kadett „A" statt. Bereits Ende der 1950er-Jahre hatte sich die Adam Opel AG für den Standort entschieden. Nach dem Zechensterben im Ruhrgebiet war Opel die einzige industrielle Großansiedlung der Gegend. Das neue Werk wurde in nur zwei Jahren Bauzeit auf einem ehemaligen Zechengelände errichtet und bot rund 14 000 Beschäftigten Arbeit. Der erste in Bochum produzierte Wagen rollte am 10. Oktober 1962 von der Montagestraße. Es war jener Kadett „A", von dem im Laufe seiner Produktionszeit insgesamt 650 000 Stück gebaut werden sollten. Schon die erste Generation der Opel-Kraftfahrzeuge wurde zum Verkaufsschlager.

Eine Ära geht zu Ende Seit 1999 standen im Bochumer Opel-Werk die Zafira-Modelle auf dem Montageband. Neben dem Kadett, dessen Produktion 1991 eingestellt wurde, waren in Bochum von 1968 bis 1973 mit dem zweisitzigen GT-Coupé, von Beginn der 1970er-Jahre mit dem Manta A sowie seit Anfang der 1990er-Jahre mit dem Astra drei weitere Erfolgsmodelle vom Band gelaufen. 2004 aber drohte die Konzernmutter General Motors erstmals damit, das Bochumer Werk zu schließen, und es begann ein harter Kampf um Standorte und Arbeitsplätze. Ende 2012 verkündete schließlich der damalige Opel-Chef Thomas Sedran das Aus für die Autoproduktion in dem einstigen Vorzeigewerk. Im März 2013 stimmten die Bochumer Opelaner mehrheitlich gegen einen Sanierungsplan, der im Gegenzug für Zugeständnisse der Beschäftigten vorgesehen hatte, die Fahrzeugfertigung erst Ende 2016 einzustellen: Damit konnte Opel den Standort im Ruhrgebiet bereits Ende 2014 schließen.

Bochum – Jahrhunderthalle
Von der Gaskraftzentrale zur Opern- und Theaterbühne

Imposantes Bühnenbild Ein illuminierter Hochofen ist eines der zentralen Bühnenelemente, als Faust (gespielt von Paul Groves, rechts) und Mephistopheles (dargestellt von Willard White, links) in der Opernfassung von „La Damnation de Faust" aufeinandertreffen. Regie bei der Premiere Anfang Juli 2004 in der Bochumer Jahrhunderthalle führten Alex Olle und Carlos Padrissa. Das Bühnenbild und die Kostüme entwarf Jaume Plensa. Die dreistündige Oper wurde vom Baden-Badener Sinfonieorchester begleitet.

1954 Die Jahrhundertglocke der Frankfurter Paulskirche (1948), die Gussstahlglocke der Weltfriedenskirche in Hiroshima (1952) und die Glockenspiele des Bochumer Rathauses (1930/1950) haben eines gemeinsam: Ihre Geburtsstätte liegt im Werk des Bochumer Vereins für Bergbau und Gussstahlfabrikation. Bei der Industrie- und Gewerbeausstellung 1902 stellte sich der Verein mit einer riesigen Ausstellungshalle, der heutigen Jahrhunderthalle, in Düsseldorf vor. Die in Bochum wieder aufgebaute Halle diente dem 1842 gegründeten Unternehmen, das lange Zeit eines der größten Eisen und Stahl erzeugenden Werke im Ruhrgebiet war, als Gaskraftzentrale. Ende der 1960er-Jahre, mit dem Erlöschen der Hochöfen, wurden die Gasöfen demontiert und die Halle wurde zum Lager der heutigen Krupp Stahl AG.

Umbau und Wiedereröffnung „8900 Quadratmeter für Kultur und Sport" – mit diesem Ziel ließ die Landesentwicklungsgesellschaft, seit 1988 neue Eigentümerin, das geschichtsträchtige Gebäude restaurieren. 1991 trat die Jahrhunderthalle mit Richard Wagners „Tristan und Isolde" erstmals als Kulturveranstaltungsort auf. Weitere Umbauten, die dem technischen Fortschritt Rechnung trugen, schlossen sich an. 37 Millionen Euro verschlang die Instandsetzung der 158 Meter langen Halle. Im Rahmen der Auftaktveranstaltung zum Musik- und Theaterfestival Ruhr-Triennale wurde die über 100 Jahre alte Halle, deren drei Bühnenbereiche Platz für 600 bis 1200 Zuschauer bieten, am 27. April 2003 mit dem Theaterstück „Phedre" wiedereröffnet.

Bochum – Sternwarte

Warten auf Signale aus dem Weltraum

1961 Die Sternwarte Bochum wurde 1946 von Prof. Heinz Kaminski (1921–2002) gegründet, weshalb der Volksmund die als Projekt der Volkshochschule erbaute Volkssternwarte auch liebevoll „Kap Kaminski" nennt. Mit dem 3 Meter großen Parabolspiegel des Radioteleskops konnten Impulse an künstliche Erdsatelliten ausgestrahlt und deren Signale empfangen werden. Aus dem observatoriumseigenen Institut für Weltraumforschung, dessen Gründung 1957, im Jahr des Starts des ersten künstlichen Erdsatelliten Sputnik 1, erfolgte, ging 1982 das Institut für Umwelt- und Zukunftsforschung hervor.

Echo von der Venus Im Innern der 40 Meter hohen Tragluftkuppel der Bochumer Sternwarte befindet sich, vor Witterungseinflüssen gut geschützt, eine 20 Meter große Parabolantenne, die mehr als 220 Tonnen wiegt. Wegen der hervorragenden Positioniergenauigkeit von rund 1/1000 Grad wird die Anlage der Bochumer Sternwarte immer wieder von Wissenschaftlern und Hobby-Astronomen aus aller Welt, bei Kapazitätsengpässen sogar auch einmal von der NASA, genutzt. Im März 2009 schickten Mitglieder von AMSAT-DL, einem Zusammenschluss von Ingenieuren, Technikern, Wissenschaftlern, Funkamateuren und Raumfahrtbegeisterten, im Rahmen der Überlegungen zu einer Marsmission von der Bochumer Sternwarte aus Funksignale zur Venus. Sie empfingen nach 5 Minuten Laufzeit deutlich ein durchgängiges Echo von der Venus-Oberfläche – aus 100 Millionen Kilometern Entfernung und damit der größten Entfernung, die bis dato im Amateurfunk überbrückt wurde. Erstmalig wurde damit außerdem ein Echo anderer Planeten in Deutschland empfangen. Im April 2013 wurden zwei NASA-Raumsonden zur Beobachtung von Weltraumwetterdaten über die Sternwarte Bochum auf Turbo-Codes umgeschaltet, die die Empfangsmöglichkeit der Sonden deutlich verbessern.

Dortmund – Hoesch AG

Demontage der Stahlindustrie

Um 1908 Die Metall verarbeitende Industrie hat im Ruhrgebiet eine lange Tradition. Beispielhaft hierfür ist das Eisen- und Stahlwerk Hoesch in Dortmund, dessen Hochöfen hier auf einer Farblithografie aus der Zeit der Wende zum 20. Jahrhundert zu sehen sind. Bereits 1871 war das Unternehmen als „Eisen- und Stahlwerk Hoesch AG" von dem Dürener Industriellen Leopold Hoesch (1820–1899) gegründet worden. Als einer der wichtigsten Arbeitgeber der Region betrieb Hoesch zahlreiche Industrieanlagen, viele in und um Dortmund sowie einige im Siegerland. Dazu zählten unter anderem die Dortmunder Westfalenhütte, die Hüttenwerke Phönix AG für Bergbau und Hüttenbetrieb, die Hermannshütte in Dortmund-Hörde und das Hüttenwerk Union im Westen der Dortmunder Stadtmitte.

Stillgelegtes Wahrzeichen 1991 wurde die Hoesch AG von Krupp übernommen und gehört heute weitgehend zur ThyssenKrupp AG. Die Strukturen des Unternehmens haben sich seither nachhaltig verändert: Viele Hochofenwerke wurden im Lauf der letzten Jahre geschlossen, darunter auch das hier im Januar 2005 zu sehende Hochofenwerk Phönix West in Dortmund, das im Jahr 1989 stillgelegt wurde. Nach der Schließung der Phönix-Werke baute ein chinesisches Unternehmen die gesamten Fertigungsanlagen ab, um sie im Reich der Mitte wieder in Betrieb zu nehmen. Nach dem Abriss eines Großteils der zurückgebliebenen Gebäude auf dem ehemaligen Betriebsgelände in der Zeit zwischen 2003 und 2004 steht der Gasometer des einstigen Hüttenwerks heute entwurzelt und verwaist zwischen den wenigen verbliebenen Bauten. Das Bauwerk auf dem einstigen Werksgelände, auf dem in naher Zukunft ein Naherholungsgebiet entstehen soll, hat inzwischen Wahrzeichencharakter. Lange Zeit war die Stahlproduktion für das Ruhrgebiet ein herausragender Wirtschaftssektor. Heute sind die stillgelegten Anlagen faszinierende Industriedenkmäler.

Dortmund – Zeche Gneisenau

Zechenstilllegung und Umbau

1983 Ein Jahrhundert im Zeichen des Steinkohlebergbaus in Dortmund-Derne geht zu Ende. Die sogenannte „Kohlerunde" in Bonn beschließt die Stilllegung der Zeche Gneisenau. Wenige Jahre später haben die meisten Mitarbeiter des Betriebs endgültig Feierabend: 1985 schloss die Zeche ihre Schächte, vier Jahre später legte die Kokerei ihre Öfen still und ab 1990 war auch das Kraftwerk außer Betrieb. Noch Anfang der 1980er-Jahre hatten knapp 6000 Bergleute jährlich zwei bis drei Millionen Tonnen Kohle gefördert und mit der Schließung der Zechenlandschaft gingen über 5000 Arbeitsplätze allein im Bergbau verloren.

Neue Zukunftsperspektiven Nur wenige stumme Zeugen der Bergbauzeit sind heute noch erhalten, darunter das 52 Meter hohe Doppelbockfördergerüst, das 1933 über dem vierten Schacht errichtet wurde, und der Tomson-Bock, ein Fördergerüst, das nach dem einstigen Werksdirektor der Harpener Bergbau AG auf Gneisenau, Eugen Tomson, benannt ist. Das Gerüst, das seit 1885 über Schacht 2 steht, ist das letzte erhaltene Exemplar seiner Bauart und zugleich das älteste erhaltene Fördergerüst im Ruhrgebiet. Nachdem das Gelände der einstigen Zeche nach deren Stilllegung jahrelang brachlag, wurden die erhaltenen Gebäude in den letzten Jahren restauriert, um dem ehemaligen Bergbaugelände neues Leben einzuhauchen. Umfangreiche Erschließungsmaßnahmen sollen nun eine neue Nutzung des Geländes ermöglichen.

Hilfe aus dem Revier Nach der Aufhebung der Blockade vom 24. Juni 1948 bis 12. Mai 1949 verlassen die ersten Güterzüge mit Kohle das Ruhrgebiet auf dem Weg nach Berlin. Ein Waggon trägt die Aufschrift „Gruss vom Kohlenpott".

Krieg und Zerstörung

Wiederaufbau als Wirtschaftswunder Als „Waffenschmiede des Deutschen Reiches" galt das Ruhrgebiet bereits vor dem Ersten Weltkrieg. Im Zweiten Weltkrieg war daher das gesamte rheinisch-westfälische Industriegebiet immer wieder Ziel massiver Bombenangriffe. Die Produktionsstätten für Panzerstahl, die gute Infrastruktur und die hervorragenden Verkehrsverbindungen machten das Ruhrgebiet zu einem kriegsentscheidenden Wirtschaftsstandort. Um die Schlagkraft der Wehrmacht zu schwächen, wurden Kraftwerke und Kokereien, Industrieanlagen, wichtige Verkehrswege und Talsperren bombardiert. Der bemerkenswerte Wiederaufbau, der hier nach 1945 einsetzte, war ein immenses Unterfangen und zeugt von der großen Leistungskraft der Region.

Bottrop – Rathaus

Politischer und struktureller Wandel im Ruhrgebiet

1920 Vor dem Rathaus in Bottrop biwakieren während der Unruhen im Ruhrgebiet vom 15. März bis 19. Mai 1920 Regierungstruppen. Auslöser des Ruhraufstands war der Kapp-Putsch vom 13. März 1920. Mit dem Truppenabbau des Versailler Vertrags unzufriedene rechtsgerichtete Reichswehr- und Freikorpstruppen meuterten gegen die Regierung der Weimarer Republik. Den Putschisten stellten sich Arbeiter und Kommunisten entgegen. Anhänger der Kommunistischen Partei Deutschlands (KPD) und der Unabhängigen Sozialdemokratischen Partei Deutschlands (USPD) organisierten sich in der „Roten Ruhrarmee" und versuchten nun ihrerseits, die Regierungsmacht zu übernehmen. Verhandlungen mit der gewählten Regierung scheiterten. Die Niederschlagung des Märzaufstands begann am 3. April 1920 mit dem Einmarsch von Regierungstruppen – darunter auch am Kapp-Putsch beteiligte Einheiten – in das Ruhrgebiet. Über 2000 Aufständische kamen bei den Auseinandersetzungen ums Leben, die Verluste von Reichswehr und Freikorps lagen bei über 300 Soldaten.

Gewaltlose Umstrukturierung Ruhig und friedlich präsentiert sich das Bottroper Rathaus heute. Das im Stil der Neorenaissance im Jahr 1916 fertiggestellte Gebäude gilt als Wahrzeichen der Stadt im Nordwesten des Ruhrgebiets. Das „Dorf am Hügel", so die ursprüngliche Bedeutung des mittelalterlichen Namens Borthorpe, aus dem sich Bottrop ableitete, findet im Jahr 1092 in den Besitzregistern des Klosters Werden erstmals Erwähnung. Die Zeit des Bergbaus in Bottrop begann 1856 mit der Zeche Prosper I. Im Zuge der Industrialisierung nach 1900 zog es viele Menschen hierher. Den Rang einer Großstadt mit über 100 000 Einwohnern erreichte Bottrop 1953. Heute verabschiedet man sich allmählich von der Steinkohle und arbeitet intensiv an einem strukturellen Wandel. Bei dem begonnenen Umbau der Innenstadt zielt man auf eine bessere Infrastruktur, aufgewertete Wohnquartiere und ausgeweitete Handels- und Dienstleistungsangebote ab.

Bochum – Marienkirche

Vom Wiederaufbau zu neuer Nutzung

1943 Nach den schweren Bombenangriffen, die am Pfingstwochenende in der Nacht vom 13. auf den 14. Mai auf Bochum niedergegangen waren, lag die katholische Kirche St. Marien in der Stadtmitte Bochums völlig ausgebrannt in Trümmern. Am 4. November 1944 wurde das Gebäude ein weiteres Mal getroffen. Aber schon bald nach Kriegsende sollte die zerstörte Marienkirche neu entstehen. Unter der Leitung des Bochumer Architekten Kurt Hubert Vieth (1916–1993) wurde die 1872 erbaute Kirche im neugotischen Stil mit einem etwa 70 Meter hohen Spitzhelm wiederaufgebaut und am 3. Oktober 1953 neu eröffnet.

Eine Heimat für die Musik Nach Jahren als Gemeindekirche durchlebte das Gebäude schon so manche Veränderung: Bedingt durch die Strukturreform des Bistums Essen wurde die Marienkirche 2003 entweiht und geschlossen, Altar, Orgel und Chorgestühl sowie die Fenster mit den Glasmalereien der Düsseldorfer Werkstatt Derix aus der Kirche entfernt. Der Kircheninnenraum war dem Verfall preisgegeben, die Amtskirche hatte schon den Abriss des maroden Gotteshauses beantragt. Anwohner wollten die Marienkirche als Wahrzeichen und Teil der kulturellen Infrastruktur Bochums aber ebenso erhalten wie einige Kunsthistoriker und stellten einen Antrag auf Denkmalschutz. Im Mai 2014 wurde an der Marienkirche der Grundstein für das Musikzentrum Bochum gelegt, das von den Bochumer Symphonikern und den rund 80 Ensembles der städtischen Musikschule gemeinsam genutzt werden soll. Der neue Konzertsaal und ein kleinerer Multifunktionssaal sollen architektonisch Bezug auf das Hauptschiff der Marienkirche nehmen und diese in ihre Mitte stellen, sodass sie als räumlich beeindruckendes Foyer für beide Säle dient.

Bochum – Kuhhirtendenkmal

Eingeschmolzen und nach dem Krieg ersetzt

1930er-Jahre Noch im 19. Jahrhundert hielten die Bochumer Bürger Milchvieh zur Selbstversorgung. Das Vieh wurde täglich von einem Kuhhirten auf die städtische Weide, den sogenannten Vöde, getrieben. Ihren Durst konnten die Tiere in der Trankgasse stillen. Als sich Bochum zur Industriestadt wandelte, störte der regelmäßige Viehtrieb den bereits regen Straßenverkehr und wurde daher im Jahr 1870 eingestellt. 38 Jahre später war Bochum mit über 100 000 Einwohnern bereits zur Großstadt avanciert und man erinnerte sich etwas wehmütig an die gute alte Zeit des ruhigen ländlichen Lebens. Daher beauftragte die Stadt den Münsteraner Bildhauer August Schmiemann (1845–1927), ein Denkmal für Fritz Kortebusch, den letzten Kuhhirten Bochums, zu entwerfen. 1908 wurde die bronzene Statue auf dem Marktplatz aufgestellt.

Die neue Skulptur Nach dem Krieg hat sich das Antlitz des Bochumer Marktplatzes deutlich verändert. Die Propsteikirche St. Peter und Paul wurde nach ihrer Zerstörung rekonstruiert und ist wieder im Hintergrund des Kuhhirtendenkmals zu sehen. Auch das Denkmal selbst hatte unter der Kriegszeit zu leiden: Aufgrund von Materialbedarf war es für die Rüstungsindustrie eingeschmolzen worden. Verzichten wollte die Stadt jedoch nicht auf ihren Kuhhirten und so wurde 1962 ein neues Denkmal errichtet. Die Neuschöpfung des Bildhauers Walter Kruse ist etwas kleiner als das Original und steht auf einem schlichteren Sockel in etwa an der Stelle, an der bis 1862 das Rathaus der ländlichen Stadt Bochum stand.

Dortmund

Boomende Wirtschaft aus Schutt und Asche

1945 Während des Zweiten Weltkriegs wurde Dortmund von den Alliierten als Rüstungshochburg eingestuft und war bis zum 12. März 1945 insgesamt acht Mal das Ziel von Luftangriffen. Entsprechend gravierend waren die Schäden: Nur etwa fünf Prozent des Stadtkerns blieben unversehrt. Die Bombenangriffe kosteten rund 6000 Zivilisten und Zwangsarbeiter das Leben. Etwa 300 000 Menschen lebten nach Kriegsende in Dortmund unter schwierigsten Bedingungen, zum Teil ohne Wasser und Strom. Ein Wiederaufbau erschien vielen fast unmöglich. Trotz Wohnungsknappheit und Hungersnot ging es im Jahr 1947 unter Aufsicht der britischen Militärregierung und mit dem besonderen Engagement des späteren Oberbürgermeisters Fritz Henßler (1886–1953) sowie des Oberstadtdirektors Wilhelm Hansmann (1886–1963) sehr schnell aufwärts. Die sogenannten „Trümmerfrauen" der Stadt hatten am Wiederaufbau erheblichen Anteil. Da männliche Arbeitskräfte nach dem Krieg kaum mehr zur Verfügung standen, mussten die Frauen auch die schweren Arbeiten auf den Baustellen verrichten. Modernisierte Industrieanlagen und die Wiederaufnahme des Kohlebergbaus führten zudem zu einem schnellen wirtschaftlichen Aufschwung.

Größte Ruhrgebietsstadt Schon 1951 machte der Boom der Bergbau-, Eisen- und Stahlindustrie Dortmund zur größten Industriestadt Nordrhein-Westfalens. Dies führte zu einem Zustrom von Zuwanderern, darunter viele Flüchtlinge. Das Bevölkerungswachstum erreichte in den Jahren des Babybooms im Jahr 1965 mit 658 000 Einwohnern einen Höhepunkt. Im Rahmen des Strukturwandels entwickelte sich die Stadt von einer Stahl-, Kohle- und Biermetropole zu einem attraktiven Standort für Informations- und Mikrotechnik sowie für Versicherungswesen und den Einzelhandel. Heute ist Dortmund ein bedeutendes Wirtschafts- und Handelszentrum und die größte Stadt des Ruhrgebiets.

Zum Alten Markt
APOTHEKE

Dortmund – Hauptbahnhof

Wiederaufbau des Bahnhofs in schlichter Gestalt

Um 1910 In dieser Zeit noch ein recht ungewohnter Anblick, der neu errichtete Dortmunder Hauptbahnhof, der das ursprüngliche Bahnhofsgebäude, das sich an derselben Stelle befunden hatte, ersetzte. Der prachtvolle neue Dortmunder Hauptbahnhof gehörte zu den größten Bahnhöfen im Deutschen Reich. Wie so viele andere Gebäude in Dortmund überstand jedoch auch das Bahnhofsgebäude den Zweiten Weltkrieg nicht unversehrt. Die Bombenangriffe der Alliierten legten ihn am 6. Oktober 1944 in Schutt und Asche.

Modernisierung 1952 wurde der Dortmunder Hauptbahnhof wiederaufgebaut und erhielt ein sachlich-schlichtes Eingangsgebäude. Heute ist der Bahnhof mit täglich rund 200 Fernverkehrs-, fast 500 Nahverkehrszügen und über 300 S-Bahnen sowie rund 130 000 Reisenden einer der wichtigsten Bahnknotenpunkte Deutschlands. Im Sommer 2009 begann die Sanierung des Bahnhofs durch einen Umbau. In einer ersten Bauphase bis Mitte 2011 wurde vor allem das Eingangsgebäude grundsaniert, etwa 20 Shops bieten Einkaufsmöglichkeiten. Das äußere Erscheinungsbild hat sich kaum verändert: Die hell und freundlich renovierte Fassade lässt die Kopien der alten Glasfenster mit Motiven aus der Dortmunder Arbeitswelt aber viel besser zur Geltung kommen. In einer zweiten Sanierungsphase, die 2017 beginnen soll, sollen der Fußgängertunnel verbreitert, die Bahnsteige komplett neu ausgestattet und barrierefrei erschlossen werden. Ferner ist eine neue gläserne Bahnhofshalle für den Nordausgang vorgesehen.

Duisburg – Liebfrauenkirche

Kirchenneubau am Standort der Kriegsruine

Um 1942 Auch in Duisburg hat der Zweite Weltkrieg seine Spuren hinterlassen: Nach Kriegsende ist von der Duisburger Liebfrauenkirche nicht mehr als eine Ruine übrig geblieben. Die im 13. Jahrhundert erbaute Kirche fiel im Juni 1942 den Luftangriffen der Alliierten zum Opfer. Durch die Zerstörung verlor die älteste katholische Kirchengemeinde Duisburgs ihr Zentrum. Mit seinem 100 Meter hohen Turm überragte der Kirchenbau einst die nebenstehende Salvatorkirche. Zusammen mit der Salvatorkirche und dem Rathaus bildete die älteste Stadtkirche Duisburgs vor dem Krieg die typische Drei-Türme-Silhouette der Stadt.

Karmelkirche Wo einst die Ruine der Liebfrauenkirche stand, befindet sich heute die Karmelkirche. Die Liebfrauenkirche wurde hingegen nach Kriegsende an anderer Stelle in der Nähe des Stadttheaters wiederaufgebaut. Die Ruine der Liebfrauenkirche wurde bis auf die Frontseite abgerissen, die heute der einzige noch erhaltene Teil der alten Liebfrauenkirche ist. 1961 wurde an diesem Standort an der Brüderstraße die Karmelkirche „Mutter zum Guten Rat" mit dem Karmeliterinnenkloster errichtet. In die architektonisch schlichte Saalkirche mit ihrem kleinen Dachreiter wurden einige wenige Teile – wie beispielsweise der gotische Chor – der ebenfalls im Krieg zerstörten Minoritenkirche aus dem Jahr 1271 integriert. Auf dem Gebiet der alten Kirche fand man 1958 bei Grabungsarbeiten Fundamente eines einstigen Wohnturmes und Reste eines Totenkellers. Die Ausgrabungen aus dem 12. Jahrhundert und die Grabkammern aus dem 18. Jahrhundert können heute nach Vereinbarung mit der Klosterverwaltung besichtigt werden.

Mit dem Schiff unterwegs Ein Ausflugsschiff fährt auf dem Baldeneysee, einem Stausee der Ruhr im Süden der Stadt Essen. Er ist mit Abstand der größte der sechs Ruhrstauseen, die für die Wasserversorgung des Ruhrgebiets angelegt wurden.

Landschaft, Natur und Umwelt

Natur muss sich anpassen Das Ruhrgebiet unterlag stets starken Veränderungen. Zunächst landwirtschaftlich geprägt entwickelten sich hier aufgrund der reichen Steinkohlevorkommen schon bald die ersten Städte. Der florierende Bergbau zog eine ganze Reihe von Industrien an. Besonders Eisen- und Stahlmanufakturen sowie die chemische Industrie begründeten die wirtschaftliche Bedeutung dieser Region. Dass diese Fabriken ihre Spuren in der Landschaft hinterlassen haben, ist nicht zu übersehen: Dörfer mussten weichen, Kanäle wurden gebaut, ganze Landstriche wurden für industrielle Zwecke entfremdet und renaturiert.

Dortmund-Ems-Kanal

Von der totalen Dürre zum üppig dahinfließenden Nass

2005 Im Oktober ist das Bett des Dortmund-Ems-Kanals bei Olfen im Münsterland auf einer Strecke von rund acht Kilometern völlig ausgetrocknet. An der Überführung der Wasserstraße über den Fluss Lippe kam es vermutlich infolge von Bauarbeiten zu einem Leck, bei dem schätzungsweise 1,5 Millionen Liter Wasser austraten. Durch Schließung der umliegenden Sperrtore des Kanals konnte der Wasserabfluss unterbrochen werden. Der von der Schifffahrt stark frequentierte Dortmund-Ems-Kanal wird seit einigen Jahren bei laufendem Betrieb ausgebaut und verbreitert. Imposante Kanalbrücken führen den 265 Kilometer langen Kanal über die Flüsse Lippe, Stever und Ems. Seit 1899 entlastet er die Eisenbahn beim Transport der im Ruhrgebiet produzierten Rohstoffe und Güter. Im Jahr 2004 transportierten hier über 17 000 Schiffe etwa 14 Millionen Tonnen Fracht. Am Alten Schiffshebewerk Henrichenburg in Waltrop überwanden die Schiffe bis 1962 einen Höhenunterschied von 14 Metern. Das Hebewerk stammt aus dem 19. Jahrhundert und beherbergt heute das Westfälische Industriemuseum. Geschleust wird inzwischen über eine neue 190 Meter lange Schleuse.

Badefreuden im Kanal Im Juli 2006 vergnügen sich Jugendliche beim Baden im Dortmund-Ems-Kanal in der Nähe von Waltrop. Bei den heißen Temperaturen, die in diesem Sommer herrschen, ist das kühle Nass mit seiner guten Wasserqualität für sie zu verlockend, als dass das Badeverbot, das hier wegen der regen Schifffahrt besteht, sie schrecken könnte.

Gladbeck – Graf-Moltke-Halde

Stillgelegtes Zechengelände wird Naherholungsgebiet

1986 Die Kohlenförderung begann auf der Zechenanlage Graf-Moltke in Gladbeck im Jahr 1878. Ihren heutigen Namen verdankt die einstige Zeche Rieckchen einer Umbenennung Anfang der 1880er-Jahre zu Ehren des Stabschefs der preußischen Armee Helmuth Graf von Moltke (1800–1891). Wie auch schon den Zweiten Weltkrieg konnte die Zeche noch die Kohlenkrise der 1950er- und 1960er-Jahre dank einer Produktivitätssteigerung durch Vollmechanisierung unbeschadet überstehen. Doch bald wirkte sich die Bergbaukrise mit dem damit einhergehenden Strukturwandel aus. Am 30. September 1971 wurde die Zeche geschlossen. In den folgenden Jahren wurden die Schächte verfüllt und die Tagesanlagen demontiert.

Begrünte Freizeitfläche Heute sind von der einstigen Zeche lediglich die Abraumhalde und die Waschkaue – ein als Umkleide- und Aufenthaltsraum dienender über Tage gelegener Raum – der Schachtanlage des Schachts 3/4 erhalten. Schon wenige Jahre nach der Stilllegung der Zeche hatte sich die im Abraum vorhandene Restkohle der Halde entzündet und schwelte mehr als 25 Jahre lang. Noch bis vor Kurzem galt der auf dem Gelände des Gewerbeparks Brauck gelegene Hügel als brennende Halde. Der Deutschen Steinkohle AG gelang es jedoch, das Feuer mit Baustoffinjektionen zu bekämpfen. Inzwischen ist die Halde vollständig begrünt und steht mit Gehwegen versehen für Ausflüge ins Grüne zur Verfügung.

Essen – Rhein-Herne-Kanal

Strukturwandel am Essener Stadthafen

Um 1950 Reges Treiben herrscht um 1950 im Stadthafen der Ruhrgebietsmetropole Essen am Rhein-Herne-Kanal. 1934 wurde der Essener Stadthafen als jüngster Hafen des Kanals von der Stadt Essen in Betrieb genommen. Zahlreiche Schiffe aus ganz Europa, beladen mit Kohle, Mineralöl, Erzen, Erde und Gestein, Lebensmitteln, Schrott, Baustoffen und Chemikalien passierten die Stadt Essen seitdem täglich. Der 1914 nach acht Jahren Bauzeit eröffnete, 45 Kilometer lange Binnenschifffahrtskanal verbindet den Rhein bei Duisburg mit dem Dortmund-Ems-Kanal. Schon vor mehr als 300 Jahren wollte man die Flüsse Rhein, Weser und Elbe über einen Kanal durch „Mitteldeutschland" miteinander verbinden. Umgesetzt wurde der Kanalbau schließlich, als die Städte der aufstrebenden Montanindustrie zum schnellen Transport der hier abgebauten Kohle eine Anbindung an den Rhein benötigten. Mit dem Bau des Kanals, der zahlreiche Kohlezechen verband und denen der Kanal einen kostengünstigen Transportweg bot, ist der Aufstieg des Ruhrgebiets als Industriegegend untrennbar verbunden.

Trügerische Stille Etwas beschaulicher wirkt der Stadthafen heute, der seit 1987 von den Essener Stadtwerken verwaltet wird und der einschließlich des Parallelhafens entlang des Kanals eine Wasserfläche von rund 63 000 Quadratmetern besitzt. Doch der Schein trügt: Zwar gab es infolge des Zechensterbens auch einen Einbruch im Verkehrsaufkommen der Binnenschifffahrt, das um etwa 25 Prozent zurückging, aber auch hier hat sich der Strukturwandel erfolgreich vollzogen. Der Rhein-Herne-Kanal ist heute wieder einer der verkehrsreichsten Binnenschifffahrtskanäle Deutschlands. Rund 25 000 Schiffe transportieren hier jährlich mehr als 15 Millionen Gütertonnen – und der Bedarf im Güterverkehr der Binnenschifffahrt steigt wieder, zum Teil bedingt durch die Öffnung der Grenzen in Richtung Osteuropa. Zudem nutzen mittlerweile auch Freizeitskipper, Sportler und Angler den Kanal.

Emscherschnellweg

Vom Bau bis hin zur verkehrsreichen Autobahn

1979 Eine Ende der 1970er-Jahre noch recht junge Autobahn ist die auch als Emscherschnellweg bezeichnete A 42. Gebaut wurde zunächst vom Autobahnkreuz Castrop-Rauxel-Ost bis zur Stadtgrenze Bottrop/Essen. Der erste Abschnitt der Autobahn wurde als Landesstraße gebaut, 1968 in Herne eröffnet und bereits ein Jahr später zur Autobahn hochgestuft. In den 1980er-Jahren wurde die A 42 bis zum Autobahnkreuz Duisburg-Nord fortgesetzt. Zum Teil musste hierbei die dichte Bebauung in den Ballungszentren dem Bau der neuen Autobahn weichen. Im Bereich Gelsenkirchen und Herne mussten so beispielsweise rund 300 Wohnhäuser, eine Kirche, eine Schule, zwei Bahnhöfe und die Nordkurve der Gelsenkirchener „Glückauf Kampfbahn" abgerissen oder umgebaut werden. Zusätzlich wurde es nötig, über 400 Leitungen – von Ferngas- über Druckluft-, Stickstoff- und Starkstrom- bis hin zu Signal- und Steuerkabeln – zu verlegen. Nicht zuletzt wirkte sich auch der Kohlebergbau auf die Streckenplanung aus: Einbrechende Hohlräume würden zu erheblichen Schäden an der Bausubstanz führen, sodass die geplanten Bergbaumaßnahmen der Bergwerksgesellschaften bei dem Bau beachtet werden mussten.

Starker Berufsverkehr Auf einer Gesamtlänge von 58 Kilometern verläuft die Autobahn seit der Fertigstellung des letzten Bauabschnitts in Ost-West-Richtung. Ihre 27 Ausfahrten verteilen sich auf Kamp-Lintfort, Duisburg, Oberhausen, Bottrop, Essen, Gelsenkirchen, Herne und Castrop-Rauxel. Vor allem viele Berufspendler nutzen die im nördlichen Ruhrgebiet verlaufende Autobahn, sodass heute kaum ein Tag vergeht, an dem die Schnellstraße nicht in den Verkehrsnachrichten erwähnt wird.

Duisburg – Ruhrorter Häfen

Ein Binnenhafen geht mit der Zeit

1930er-Jahre Seit dem frühen 18. Jahrhundert liegt im Stadtteil Ruhrort an der Stelle, an der die Ruhr in den Rhein mündet, Duisburgs Binnenhafen. Als der Hafen angelegt wurde, war Ruhrort noch eine eigenständige Stadt. Erst 1905 wurde sie ins Duisburger Stadtgebiet eingemeindet. Mit der Zusammenlegung der beiden Häfen Duisburg und Ruhrort entstand das größte Binnenhafensystem der Welt, das sich heute auf fast zehn Quadratkilometern im Norden der Duisburger Altstadt vom Marientor bis fast zur Berliner Brücke erstreckt. Etwa zur gleichen Zeit entstand eine Brücke, die im Hafen die Ruhr überquert und die Duisburger Stadtteile Ruhrort und Homberg miteinander verbindet. Sie wurde nach dreijähriger Bauzeit 1907 eröffnet und erhielt in der nationalsozialistischen Zeit zu Ehren eines Helden der Seeschlachten des Ersten Weltkriegs den Namen Admiral-Scheer-Brücke. 1945 wurde die Brücke von zurückweichenden deutschen Truppen gesprengt. An ihrem Standort wurde 1954 nach vierjähriger Bauzeit die neue als Zügelgurtbrücke konstruierte Friedrich-Ebert-Brücke eröffnet und dem Verkehr übergeben.

Baulicher Wandel Die ersten Liegeplätze und Verladeeinrichtungen der Hafenanlage wurden für den Kohlentransport benötigt. Noch bis zur Mitte der 1980er-Jahre gehörte Kohle hier zu den wichtigsten Transportgütern. Im Zuge des Strukturwandels wurde der Hafen schließlich 1991 in einen Freihafen umgewandelt. Vermehrt entstanden auch Umschlag- und Tankanlagen für Rohölprodukte sowie Containerterminals. Ein 1995 vom englischen Stararchitekten Sir Norman Foster (geb. 1935) entworfener Plan belebte den 350 000 Quadratmeter umfassenden Hafenabschnitt des Innenhafens schrittweise wieder: Es entstand ein wassernahes innerstädtisches Quartier mit Wohn-, Büro- und Freizeitanlagen.

ALBATROS - ANVERS
FLÜNK

MAINGAU
4601000
KAISERBERG
DUISBURG

Ratingen – Schloss Landsberg

Von der Residenz zum Seminarzentrum

Um 1850 Auf 65 Meter Höhe auf einem Bergsporn in Ratingen thront Schloss Landsberg. Ursprünglich wurde die Schlossanlage 1276 von Graf Adolf V. von Berg (um 1245–1296) als Burg zur Befestigung des Ruhrübergangs erbaut. Damals bestand sie aus einer Ringmauer, einem Bergfried, einem dreiteiligen Wohn- und einigen Außengebäuden. Ende des 16. Jahrhunderts sowie im Dreißigjährigen Krieg war die Burg Schauplatz von Auseinandersetzungen zwischen Katholiken und Protestanten, wobei die Burg zweimal geschleift und später wiederaufgebaut wurde. 1652 wurde die Familie von Landsberg mit der Burg belehnt, die sie im 17. Jahrhundert zu einem Renaissanceschloss umbaute. Auch während des 18. Jahrhunderts wurde die Anlage mehrfach verändert. Da die Familie von Landsberg das Schloss in der Folgezeit nur noch als Sommersitz nutzte, verfiel es bis gegen Ende des 19. Jahrhunderts.

Umgestaltung Am 11. April 1903 erwarb der Industrielle August Thyssen (1842–1926) das Schloss. Um die stark vernachlässigte Anlage als Wohnsitz nutzen zu können, ließ der neue Schlossherr bis 1904 umfangreiche Umgestaltungs- und Restaurierungsarbeiten durchführen. Dazu zählten die Neugestaltung der Fassaden, die Errichtung einiger neuer Gebäude auf der Schlossanlage und die einheitliche Eindeckung der Dächer mit Schieferschindeln. Nach dem Tod des Unternehmers ging die Anlage in den Besitz der August-Thyssen-Stiftung Schloss Landsberg über. Sie sorgte dafür, dass der verstorbene Schlossherr eine würdige letzte Ruhestätte im eigens angelegten Mausoleum im Wehrturm fand. Nach wechselvollen Besitzverhältnissen in Kriegs- und Nachkriegszeit ist das Schloss seit 1989 im Besitz der Thyssen AG und wird als Seminarzentrum genutzt.

Die Ruhrauen bei Mülheim

Umdenken in Zeiten wachsenden Umweltbewusstseins

Erste Hälfte des 20. Jahrhunderts Den rauchenden Schloten der Schwerindustrie zum Trotz haben sich einige Angler am Ufer einer Flussbiegung der Ruhr zum Fischen getroffen. In Mülheim an der Ruhr wendet sich der Fluss gen Westen und erreicht die niederrheinische Tiefebene. Die Nutzung des Flusses durch den Menschen hat eine lange Tradition. Im Mittelalter waren es die Mühlen, die im Raum Mülheim die Wasserkraft für ihren Betrieb benötigten. Nach 1650 florierte das Gewerbe der Lederherstellung, im Zuge der industriellen Revolution kamen Kohle, Montan- und Chemieindustrie hinzu. Zwar nahm die Industrialisierung an den Ufern des Flusses ihren Anfang, dennoch stellten die Schadstoffemissionen der hier angesiedelten Industriebetriebe immer schon eine hohe Umweltbelastung dar.

Heimat für Vögel Heute sind die Ruhrauen bei Mülheim an der Ruhr ein landschaftliches Idyll das zahlreiche Erholungssuchende anzieht. Die ehemals meistfrequentierte Wasserstraße Europas wird heute nur noch auf ihren letzten Kilometern zwischen dem Rhein-Ruhr-Hafen in Mülheim und der Rheinmündung von Güterschiffen befahren. Nach Jahren erheblicher Verschmutzung schlugen schließlich Ende der 1970er-Jahre Umweltschützer Alarm und regten ein Umdenken an. Heute tummeln sich wieder Fische und Wasservögel in der Ruhr, die auch als Trinkwasserreservoir für die dicht besiedelte Region dient. In der vielfältigen Fauna entlang der Flussarme haben inzwischen Blesshühner, Graureiher, Haubentaucher und sogar Eisvögel ihr Revier gefunden. Nur noch vereinzelt fallen im Ruhrwasser problematische Substanzen auf, zum einem von industriellen Einleitern, zum anderen durch die Bedüngung angrenzender Äcker. Besonders wertvolle Flächen der Mülheimer Ruhrauen sind schon seit 1982 Naturschutzgebiete. Von der Saarner Aue bis hin zum Kocks Loch wurde die Naturlandschaft als „Gebiet von gemeinschaftlichem Interesse der Europäischen Union" ausgewiesen.

Ländliche Idylle in der Metropolenregion Ein Hobbyzüchter treibt in der Nähe des Schürmannshof bei Duisburg 1965 seine Gänse zusammen. Auch heute gibt es hier noch eine Kleingartenkolonie.

Leben früher und heute

Wir im Revier Die Kohle hat die Region zu sehr geprägt, als dass ihr Zeitalter spurlos vorübergehen könnte. Die Menschen im „Pott", wie das Ruhrgebiet im lokalen Jargon genannt wird, sind sich ihrer Geschichte bewusst und den mit dem Bergbau verknüpften Traditionen verbunden. Der Begriff „Pott" ist gut gewählt, denn tatsächlich war und ist das Ruhrgebiet ein wahrer Schmelztiegel, in dem unterschiedliche Kulturen aufeinandertreffen. Das Leben der Menschen war stets von harter Arbeit geprägt. Als typische Elemente kleinbürgerlichen Glücks etablierten sich Hobbys wie Taubenzucht und Schrebergarten.

Recklinghausen – Ruhrfestspiele

Kunst für Kohle

1949 Vom 15. Juni bis zum 10. Juli 1949 fanden in Recklinghausen die dritten Ruhrfestspiele statt, erstmals unter Beteiligung einer Westberliner Theatergruppe. Aber nicht nur durch die Berliner Beteiligung war es ein entscheidendes Jahr für die Theaterspiele – zum ersten Mal in der Geschichte standen auch Recklinghausener Schauspieltruppen auf der Bühne. Die Wurzeln des international bekannten Theaterfestivals liegen jedoch nicht etwa im Festspielort Recklinghausen, sondern viel weiter nördlich. Da sie aufgrund der nach dem Krieg herrschenden Kohleknappheit nicht mehr heizen konnten, stand im Winter 1946 zahlreichen Hamburger Bühnen die Schließung bevor. Aus Angst vor der drohenden Arbeitslosigkeit fuhr in einer Nacht-und-Nebel-Aktion unter Umgehung der Kontrolle durch die Besatzungsmächte eine kleine Delegation von Verantwortlichen, Schauspielern und Bühnenpersonal mit zwei Lkw ins Ruhrgebiet und fand dort Hilfe. Einige mutige Bergarbeiter der Recklinghausener Zeche König Ludwig zweigten für die Verzweifelten einige Lkw-Ladungen Kohle ab – die Hamburger Theater waren gerettet. Im Sommer 1947 revanchierten sich die Bühnen dann mit einem fulminanten Gastspiel für die Hilfe: Mehr als 150 Künstler des Deutschen Schauspielhauses, der Hamburgischen Staatsoper und des Thalia-Theaters gastierten im Städtischen Saalbau Recklinghausen. Mozarts Oper „Figaros Hochzeit" war die Eröffnungsvorführung und zugleich der Beginn der Ruhrfestspiele.

Wachstum und Umzug Durch die bewegende Entstehungsgeschichte beeinflusst war es den Initiatoren rund um den Deutschen Gewerkschaftsbund – bis heute Hauptträger des Festivals – wichtig, die Festspiele vor allem der Arbeiterschicht zugänglich zu machen. Die Eintrittspreise wurden daher durch Subvention niedrig gehalten und es sollte eine offene Kommunikation zwischen Grubenarbeitern und Theaterleuten stattfinden. 1965 zogen die Spiele in das eigens hierfür errichtete Ruhrfestspielhaus um. Dessen Bau war vor allem auf Initiative des ehemaligen Bundespräsidenten und Theaterliebhabers Theodor Heuss (1884–1963) vorangetrieben worden. In den Jahren 1996 bis 1998 wurde das Gebäude für die Nutzung außerhalb der Festspielzeit zu einer Kongresshalle umgebaut, wofür das Stuttgarter Architekturbüro Auer & Weber den Deutschen Architekturpreis erhielt. Derzeit verzeichnen die Ruhrfestspiele einen bisher ungekannten Boom und locken – neben zahlreichen Zuschauern – auch viel nationale und internationale Berühmtheiten nach Recklinghausen.

Duisburg – Königstraße

Umgestaltung zur bunten Fußgängerzone

1971 Unter dem Namen „Königstraße" findet die die Innenstadt Duisburgs in Ost-West-Richtung durchquerende Straße erstmals 1850 Erwähnung, als die einst als Ulmenallee angelegte damalige Schwedenallee zu Ehren des preußischen Königs Friedrich Wilhelm IV. (1795–1861) ihren heutigen Namen erhielt. Viel ist von der damaligen Prachtstraße jedoch auch in den 1970er-Jahren nicht mehr erhalten. So wurde beispielsweise das Bismarck-Denkmal, der Glanzpunkt der Straße aus dem Jahr 1905, 1942 eingeschmolzen und auch so prunkvolle Gebäude wie die Tonhalle, das Amtsgericht oder das Mercatorhaus standen damals schon nicht mehr. Noch in den 1970er-Jahren war die Königstraße eine vierspurige Allee mit Schienenverkehr. Zeitgleich mit dem Bau der Stadtbahn wurde sie zwischen 1978 und 1994 jedoch aufwendig zur Fußgängerzone umgestaltet.

Kunstvoller „Lebensretter" Neben zahlreichen Geschäften, deren Schaufenster für den Einkaufsbummel an Regentagen überdacht sind, Restaurants und Cafés haben die Stadtplaner auch Freiflächen, Grünanlagen und Brunnen in das Straßenbild integriert. In der Mitte der 35 Meter breiten Straße verläuft wieder eine Lindenallee, die inmitten des geschäftigen Treibens zum Verweilen und Durchatmen einlädt. Das wohl bekannteste Wasserspiel Duisburgs ist der „Lifesaver", der 1991/1992 an der Ecke König- und Düsseldorfer Straße errichtet wurde. Das knallbunte vogelähnliche Objekt der Künstlerin Niki de Saint Phalle (1930–2002), das seine Wasser speienden Flügel majestätisch gen Himmel hebt und von einer weiblichen Figur umklammert wird, ist mitsamt seinem Sockel stolze 7,20 Meter hoch. Das Objekt dreht sich rhythmisch zu beiden Seiten auf einem Sockel, den der Schweizer Bildhauer und Ehemann von de Saint Phalle Jean Tinguely (1925–1991) kreierte.

Duisburg – Mannesmann

Traditionsreiche Hütte und seine Arbeiter

1961 Im Jahr 1914 übernahmen die Mannesmann-Röhrenwerke das Siemens-Martin-Stahlwerk in Duisburg-Huckingen, um dort Stahl zu produzieren. Nach dem Ersten Weltkrieg konnte das Werk 1929 um zwei Hochöfen, eine Sinteranlage und das Thomas-Stahlwerk erweitert werden. Nach dem Zweiten Weltkrieg mussten Werksanlagen und Arbeitersiedlungen wiederaufgebaut werden, da sie durch die alliierten Bombardierungen schwer verwüstet waren. Die Mitarbeiter konnten nun wieder aus den nahe gelegenen Wohnsiedlungen mit dem Fahrrad zur Arbeit kommen. Der neue Aufschwung ließ nicht lange auf sich warten: 1950 und in den Folgejahren konnten Anlagen und Verfahrenswege neu entwickelt oder modifiziert und immer mehr Mitarbeiter beschäftigt werden.

Hüttenwerke Krupp Mannesmann Nach einem Wachstum der Stahlproduktion bis in die 1970er-Jahre hinein kam es in den 1980er-Jahren weltweit zu einer Stahlkrise, von der sowohl der Mannesmann-Standort Huckingen als auch die Hütte Krupp in Duisburg-Rheinhausen betroffen waren. Ende 1987 beschlossen die Firmen Krupp und Mannesmann daher, ihre beiden Duisburger Stahlstandorte auf dem Gelände der Hüttenwerke in Huckingen zusammenzuführen. 1990 wurde die Hüttenwerke Krupp Mannesmann GmbH gegründet, das Hüttenwerk Rheinhausen wurde 1993 endgültig stillgelegt. 1994 erreichte die Stahlproduktion des fusionierten Unternehmens bereits 4,5 Millionen Tonnen, 2013 waren daraus 5,6 Millionen Tonnen geworden: Das entspricht einem Anteil von etwa 12 Prozent an dem in Deutschland produzierten Rohstahl. Im März 2014 wurde eine zweite Kokerei-Batterie in Betrieb genommen: Mit dieser soll die Jahresproduktion von 1,1 Millionen Tonnen auf 2,3 Millionen Tonnen Koks gesteigert werden. Derweil hat sich die Art und Weise, wie die Beschäftigten zu ihrer Schicht gelangen, grundlegend geändert: Die traditionellen Arbeitersiedlungen haben ausgedient, man wohnt in Vororten und fährt Auto statt Fahrrad.

Duisburg – MSV-Arena

Moderne Spielstätte anstelle des alten Wedaustadions

1998 Im Stadtteil Neudorf im Osten Duisburgs liegt der etwa 200 Hektar große Sportpark Wedau. Ursprünglich gehörte das Gelände der Firma Krupp, die es zur Auskiesung der Schlacke im Stahlwerk nutzte. 1919 trat Krupp das Gelände mit der Auflage an die Stadt ab, dort ein Sport- und Naherholungsgebiet zu errichten. In den durch die Auskiesung entstandenen Seen wurden Schwimm- und Ruderstätten errichtet, im Jahr 1921 begann man mit dem Bau eines Sportstadions. Schon ein Jahr später diente das Wedaustadion bei den Deutschen Leichtathletik-Meisterschaften erstmals als Austragungsort. Mit einem Fassungsvermögen von 40 000 Zuschauern war es seinerzeit nach dem Berliner Grunewald-Stadion die zweitgrößte Sportstätte Deutschlands. Bald schon wurde das Stadion auch für den Fußball genutzt. Als klar wurde, dass der MSV Duisburg 1963 zu den Gründungsmitgliedern der Fußball-Bundesliga gehören würde, entschloss sich die Stadt zur Modernisierung der Arena mit einer Großtribüne und einer Flutlichtanlage.

Neue Heimat für die „Zebras" Trotz eines weiteren Ausbaus im Jahr 1989 konnte das alte Wedaustadion die modernen Standards nicht mehr erfüllen und sein Abriss war bald beschlossene Sache. Im Juli 2003 rückten die Bagger an. In einer Bauzeit von nur 14 Monaten entstand am selben Standort die moderne MSV-Arena mit ihrer Aluminium-Glas-Fassade. Die Zuschauerränge der als reines Fußballstadion für die Spiele der Duisburger „Zebras" – so der Name der MSV-Spieler mit ihren gestreiften Trikots – konzipierten Arena sind komplett überdacht. Insgesamt bietet die Sportstätte 31 500 Zuschauern Platz, davon 24 500 Sitz- und 7000 Stehplätze. Verbindendes Element zum Vorgängerbau ist die besondere Beziehung der Heimstätte zum italienischen Fußball. Im alten Wedaustadion hatte am 23. November 1924 die erste Begegnung einer deutschen Fußballnationalmannschaft gegen eine italienische Auswahl stattgefunden. Während der WM 2006 bezog die Squadra Azzurra hier ihr Trainings- und Pressequartier und legte damit den Grundstein für ihren späteren Titel.

Duisburg-Rheinhausen – Krupp-Hüttenwerk

Dramatische Werksschließung und ihre Folgen

10. Dezember 1987 Nachdem bereits am 3. Dezember 1982 das Walzwerk des Kruppschen Stahlwerks geschlossen worden war, protestieren im Dezember 1987 Stahlarbeiter und Bergleute gegen die Vernichtung von 5000 Arbeitsplätzen, die durch die Stilllegung zweier Hochöfen des Krupp-Stahlwerks in Duisburg-Rheinhausen bedroht waren. Schon zwei Monate später macht eine Kette von 80 000 Menschen vom Stahlwerk in Rheinhausen bis zur Westfalen-Hütte in Dortmund auf die Sorgen der Stahlwerksbelegschaft aufmerksam. Doch damit nicht genug: Die Betroffenen und ihre Mitstreiter organisieren die „Nacht der 1000 Feuer", bei der 27 000 Menschen in einem Fackelzug Licht auf ihre bedrohte Existenz werfen wollen. Vergeblich: 1993, fünf Jahre später, schließt das 1897 vom Industriellen Friedrich Alfred Krupp (1854–1902) gegründete Stahlwerk endgültig seine Pforten.

Logistik statt Stahl Am berühmten Tor 1, dem Ausgangspunkt der Protestbewegung 1987, erinnert heute nichts mehr daran, dass sich hier einst eines der bedeutendsten Hüttenwerke des Ruhrgebietes erstreckte – die Ruine steht als trostloses Sinnbild für den Niedergang der Schwerindustrie in den vergangenen Jahrzehnten, längst ist der letzte Hochofen von dem riesigen Werksgelände abgeräumt. Unweit davon aber entwickelten sich Mikroelektronik, Umwelttechnologie, Dienstleistungen und vor allem Logistik zu wesentlichen Wirtschaftszweigen der Region. Neue Arbeitsplätze schaffte vor allem der seit 1998 auf dem ehemaligen Hüttengelände entstandene „Logport Duisburg", eines der größten Logistikzentren Europas.

Essen – Lichtwochen

Erleuchtete Bilder des Zeitgeschehens

17. Oktober 1962 Es war ein weiter Weg von den ersten 30 Laternen im Essener Stadtgebiet im Jahr 1810 bis zur Veranstaltung „Essen im Licht", das seit 1950 Vorgänger der heutigen Essener Lichtwochen war. Märchenhaft zeitlose Motive waren ebenso wie Aktuelles zu lokalen und politischen Themen zu bewundern. Anfang der 1960er-Jahre war Essen – auch dank der Lichtwochen – die umsatzstärkste Einkaufsstadt des Reviers. 1962 stand ganz im Zeichen des Sports: Die „Olympiade des Lichts" stimmte hell leuchtend auf das im Folgejahr in Essen stattfindende Deutsche Turnfest ein. Die Probebeleuchtung am 17. Oktober 1962 machte Lust auf mehr, und so verwunderte es nicht, dass sogar Sonderzüge der Deutschen Bundesbahn eingesetzt wurden, um dem Besucherandrang gerecht werden zu können.

Strahlende Deutsche Einheit 38 Jahre später ist die Wiedervereinigung Deutschlands das Thema der 51. Essener Lichtwochen. Vom 28. Oktober 2000 bis zum 6. Januar 2001 erstrahlen charakteristische Bauwerke und Landschaften der alten und neuen Bundesländer in 13 großformatigen Lichtbildern. So sind unter anderen das Rathaus von Hannover, das Lübecker Holstentor, die Dresdner Semperoper, der Kölner Dom und die Zeche Zollverein zu sehen. 86 000 Glühbirnen, 8000 Meter Lichtschläuche, fünf Kilometer Stahlseil und 80 Tonnen Aluminium und Stahl wurden dazu seit Mitte Oktober in der Essener Innenstadt montiert. Mittlerweile bieten die Essener Lichtwochen noch weit mehr als einen kunstvoll leuchtenden Nachthimmel: Auch Ausstellungen, Konzerte und Einkaufsbuden laden die Besucher zum Verweilen und Shoppen ein.

Gelsenkirchen

Der Fußball verändert sein Gesicht

4. Juni 1983 Vor vollen Rängen spielt Schalkes Angreifer Wolfram Wuttke das Leder am Hamburger Torwart Uli Stein vorbei. Das Bundesligaspiel des FC Schalke 04 gegen den Hamburger SV im Gelsenkirchener Parkstadion beendeten die Königsblauen dennoch mit einer 1 : 2-Niederlage. Am Ende dieser Spielzeit stiegen die Schalker auf Platz 16 der Fußballtabelle in die Zweite Bundesliga ab. Doch schon 1984 gelang der Wiederaufstieg und in der Saison 1985/1986 glänzten die Schalker mit einem ihrer höchsten Siege, dem 6 : 1 gegen Kickers Offenbach.

„Tschüss Parkstadion!" Dramatische Kämpfe sahen die Zuschauer am 34. und letzten Spieltag der Fußball-Bundesliga-Saison 2000/2001 am 19. Mai 2001. Mit einem 5 : 3-Sieg gegen die Spielvereinigung Unterhaching schien es bereits, als wären die Königsblauen Deutscher Meister. Vier Minuten später dann die Ernüchterung: Bayern München gelang beim Hamburger SV in letzter Sekunde das Ausgleichstor zum 1 : 1, die Bayern holten sich damit den Titel. Neben dem unglücklichen Vizemeistertitel gab es am Ende eines Tages, der noch lange in Erinnerung bleiben wird, für die Schalker Fans noch einen etwas wehmütigen Blick zurück: Das Spiel gegen Unterhaching war das letzte im 1973 eröffneten Parkstadion vor dem Umzug in die neue Arena. Die große Tafel hinter einem der Tore mit der Aufschrift „Tschüss Parkstadion! Hallo AufSchalke!" zeugt vom bevorstehenden Umzug in die neue Arena.

Neue Arena Immer weniger hatte das alte Parkstadion den modernen Anforderungen gerecht werden können. Zudem waren durch Erdbewegungen Schäden an der Bausubstanz entstanden. Und so wurde schon Ende der 1980er-Jahre ein Stadionneubau geplant. 2001 war die „Arena AufSchalke" nach knapp dreijähriger Bauzeit fertiggestellt. Während der Fußball-Weltmeisterschaft hieß die Arena „FIFA World Cup Stadion". In dieser Zeit war das Stadion Austragungsort von fünf Begegnungen, so wie hier beim Vorrundenspiel der USA gegen Tschechien, das letztere am 12. Juni 2006 mit einem 3 : 0-Sieg für sich entscheiden konnten. Trotz dieses gelungenen Auftakts wurden die Tschechen in ihrer Gruppe E mit drei Punkten lediglich Dritter hinter Italien und Ghana.

Tschüss Parkstadion!
Hallo
AufSchalke
!

Revierderby I

Ein Fußballklassiker auf dem Weg in die Gegenwart

1960 Wenn im Fußball zwei Mannschaften aus der gleichen Region aufeinandertreffen, geht es nicht selten hoch her. Als Revierderby schlechthin gelten die Begegnungen der Vereine Schalke 04 und Borussia Dortmund. Das Nebeneinander von Hoch und Tief in diesen emotionalen Spielen zeigt beispielhaft die Aufnahme des Revierderbys Borussia Dortmund gegen Schalke 04 beim Spiel der Oberliga West am 24. Januar 1960. Torschütze Theo Berning, der soeben das 2 : 0 für Dortmund erzielt hat, reißt jubelnd die Arme in die Höhe, während Mannschaftskollege Timo Konietzka (rechts) zur Beglückwünschung eilt. Der Schalker Torwart Josef Broden blickt hingegen noch etwas schockiert und ungläubig in Richtung Schiedsrichter, Mitspieler Otto Laszig (links), der die Gültigkeit des Treffers bereits realisiert hat, ärgert sich währenddessen über die Nachlässigkeit, die zum Tor geführt hat. Die Begegnung im Stadion Rote Erde in Dortmund endete mit einem 6 : 3-Sieg für Dortmund.

1969: Bundesliga Neun Jahre später treten die Dortmunder Borussia und der FC Schalke 04 erneut im Dortmunder Stadion Rote Erde gegeneinander an. In der restlos überfüllten Arena drängen bei der Partie am 6. September 1969, die mit einem 1 : 1-Unentschieden endete, die Zuschauer bis an den Spielfeldrand und werden durch Sicherheitsleute mit Ordnungshunden zurückgehalten. Zwar lagen zwischen den Begegnungen 1960 und 1969 nur wenige Jahre, inzwischen hatte sich aber einiges verändert: So spielten die Vereine nicht mehr in der 1947 gegründeten, aus den besten Mannschaften Nordrhein-Westfalens bestehenden Oberliga West, einer der fünf Staffeln der damals höchsten Spielklasse, deren jeweilige Sieger im Kampf um den deutschen Meistertitel gegeneinander antraten, sondern in der 1963 eingeführten Fußball-Bundesliga.

1975: Schalke zieht vorbei Auch im Jahr 1975 wurden im Ruhrgebiet wieder einmal Emotionen wach, als der FC Schalke 04 im heimischen Gelsenkirchener Parkstadion in der zweiten Hauptrunde des DFB-Pokals am 18. Oktober den Zweitligisten Borussia Dortmund mit 2 : 1 besiegte. In einer dramatischen Szene einer heiß umkämpften Spielphase versucht hier Dortmunds Torhüter Horst Bertram, den Kopfball von Schalkes Torjäger Klaus Fischer abzuwehren. War der BVB noch in den 1960er-Jahren die Spitzenmannschaft im Ruhrgebiet, konnte sich Schalke in den 1970er-Jahren vom traditionellen Rivalen absetzen. Oft setzte sich jedoch auch der jeweils vermeintlich schwächere Gegner im Revierderby durch. Als ehemalige „Arbeiterstädte" stehen beide Vereine seit jeher für leidenschaftlichen Fußball „mit Herz" und Identifikationsfunktion.

schalke 0
schalke 0
VORSOR

Revierderby II

Ein Fußballklassiker auf dem Weg in die Zukunft

1977 Während des Bundesligaspiels des FC Schalke 04 gegen Borussia Dortmund am 21. Mai 1977 kam es zu einer weiteren turbulenten Szene, diesmal mit umgekehrten Vorzeichen: Im Gelsenkirchener Parkstadion gerieten die Spieler der Schalker Abwehr im eigenen Strafraum arg in Bedrängnis. Dennoch konnten die Schalker das Spiel mit 4 : 2 für sich entscheiden. Abermals ist das Spiel Schalke gegen Dortmund gut besucht. Die Derbys sind seit der ersten Begegnung Schalkes gegen die Borussia im Jahr 1925, die Schalke mit 4 : 2 für sich entscheiden konnte, regelmäßig ausverkauft.

1997: Torhüter-Tor 1997 standen die europäischen Wettbewerbe ganz im Zeichen von Blau-Weiß und Schwarz-Gelb. Die Schalker „Eurofighter" gewannen den UEFA-Cup gegen Inter Mailand, der BVB die Champions League gegen Juventus Turin. Gut ein halbes Jahr nach den deutsch-italienischen Festwochen sahen die Zuschauer am 19. Dezember im Dortmunder Westfalenstadion ein packendes Duell der ewigen Ruhrpott-Rivalen. Als die reguläre Spielzeit bereits abgelaufen war, ging Schalke-Keeper Jens Lehmann (M.) bei einer allerletzten Ecke mit nach vorn und köpfte freistehend am langen Pfosten zum 2:2-Endstand ein – das erste Feldtor eines Torhüters in der Bundesliga-Geschichte.

2014: Schalke hat die Nase vorn Der Schalker Kevin-Prince Boateng (links) und der Dortmunder Mats Hummels (rechts) kämpfen verbissen um den Ball. Im 145. Pflichtspiel-Derby am 27. September 2014 bezwang Schalke 04 im heimischen Parkstadion den Kontrahenten aus Dortmund knapp mit 2:1. Damit bauten die Königsblauen ihre Führung in der Gesamtbilanz des Ruhrpott-Klassikers aus: 49 Derby-Triumphen der Borussen standen nun 58 Siege der „Knappen" gegenüber. Die beiden Traditionsvereine haben die meisten Anhänger im Ruhrgebiet und mit über 40 000 (Schalke) bzw. über 50 000 (Dortmund) verkauften Dauerkarten beeindruckende Zuschauerzahlen. Wie die Dortmunder Südtribüne, die größte Stehplatztribüne Europas, ist auch die Schalker Nordkurve eine der stimmungsvollsten Fankurven des Fußballs.

VELTINS
VELTINS
VELTINS

EVONIK

Dortmund – Westfalenhalle
Wechselvolles Innenleben

1926 Schon kurz nach ihrer Errichtung war die Dortmunder Westfalenhalle mit dem ovalen Kuppeldach für ihre Veranstaltungen berühmt. Hier wurden neben sportlichen Wettkämpfen wie Radrennen, Leichtathletikmeetings, Reit- und Eissportturnieren auch Messen, Festspiele und politische Veranstaltungen abgehalten. Im Zweiten Weltkrieg wurde die Halle zu einem Lager für Kriegsgefangene, die als Arbeitskräfte in der Dortmunder Schwerindustrie eingesetzt wurden, bis sie durch einen Bombenangriff zerstört wurde, bei dem Tausende von Gefangenen ums Leben kamen. Die nach dem Krieg neu erbaute Westfalenhalle konnte 1952 eröffnet werden.

Jubel beim „Wintermärchen" Bei der Handballweltmeisterschaft 2007 hatten die deutschen Handballfreunde allen Grund zu jubeln. In der Hauptrunde der Gruppe M triumphierte die deutsche Mannschaft am 25. Januar 2007 in der Dortmunder Westfalenhalle im Match gegen Tunesien mit 35 : 28. Die modernisierte Westfalenhalle ist 100 Meter lang, 80 Meter breit und 32 m hoch. Ihre Innenraumgestaltung ist variabel und bietet je nach Aufbau und Bestuhlung bis zu 20 000 Zuschauern Platz. Mittlerweile ist sie der Mittelpunkt eines aus neun Hallen bestehenden Hallenkomplexes, der für Veranstaltungen, Messen und Kongresse genutzt wird.

Hagen – Brandt

Arbeitsplatzverlagerung in Europas modernste Zwiebackfabrik

1950er-Jahre Schon in den 1950er-Jahren waren die Arbeiterinnen der „Carl Brandt Zwieback und Bisquit GmbH" aus Hagen in Westfalen beim Befüllen von Keksschachteln am Fließband beschäftigt. Am 21. Oktober 1912 hatte der 26-jährige Bäcker- und Konditormeister Carl Brandt (1886–1965) seine Fabrik unter dem Namen „Märkische Zwieback- und Keksfabrik" am Produktionsstandort Hagen gegründet. Schon im Jahr 1929 begann die Automatisierung der Zwiebackherstellung. In der Fabrik in Hagen kam die erste im Unternehmen entwickelte und patentierte Zwieback-Schneidemaschine zum Einsatz. 1937 hatte das Unternehmen bereits 700 Mitarbeiter. Nach Brandts Tod ging die Geschäftsführung auf seine Ehefrau Betty über, nach deren Tod 1984 wurde der Adoptivsohn des Paares, Carl-Jürgen Brandt, alleiniger Gesellschafter.

Standortwechsel Nach mehreren Fusionen seit Mitte der 1970er-Jahre eröffnete die Brandt-Gruppe am 22. April 2002 im thüringischen Ohrdruf ein neues Zwiebackwerk. Rund 46 Millionen Euro investierte das florierende Unternehmen in die neue, staatlich subventionierte Produktionsstätte. Etwa 160 Beschäftigte haben hier Arbeit gefunden. Zwar ist in der mittlerweile „modernsten Zwiebackfabrik Europas" die Automatisierung stark vorangeschritten und die Arbeitnehmerzahl entsprechend zurückgegangen, bei der Überwachung der Herstellung setzt die Firma jedoch nach wie vor auf das Augenmerk der Mitarbeiter. Mit dem Umzug nach Thüringen hatte das Unternehmen die komplette Zwiebackproduktion in Hagen aufgegeben – allein die Verwaltung blieb am alten Standort. Rund 500 Mitarbeiter verloren daher in Hagen ihren Arbeitsplatz.

Taubenzucht im Pott

Das Rennpferd des kleinen Mannes

1959 Wie dieser Bergmann widmen sich traditionell viele der Arbeiter im Ruhrgebiet in ihrer Freizeit am liebsten ihren Tauben. Kohleabbau und Taubenzucht sind eng miteinander verbunden. Schon in den 1860er-Jahren entstanden im Ruhrgebiet die ersten Taubenzuchtvereine. Zu den Wohnhäusern der Bergarbeiter gehörte ein Taubenschlag, meist im Dachstuhl, der den überwiegend aus Osteuropa zugezogenen Arbeitern, die vor allem aus ländlichen Gegenden stammten, ein Stück Heimat in der Fremde gab. Die Freizeitbeschäftigung bot den unter Tage in der Dunkelheit der Stollen arbeitenden Menschen einen „befreienden Blick" in den hellen Himmel. Die intensive Beschäftigung mit den flinken Fliegern hat im Lauf der Zeit zahlreiche Wettbewerbe entstehen lassen, in denen die Taubenbesitzer ihre auch als „Rennpferde des kleinen Mannes" bezeichneten gefiederten Freunde gegeneinander antreten lassen. Ihren Ursprung hatten die Flugwettbewerbe im deutsch-französischen Krieg 1870/71, als die Tiere als Nachrichtenübermittler eingesetzt wurden. Je nach Windverhältnissen können Tauben bis zu 100 Stundenkilometer schnell fliegen.

Hobby im Rückgang In ihre Lieblingsbeschäftigung investieren die „Ruhrpöttler" viel Liebe und Zeit. Schnell erlangten sie dabei hohe Fachkompetenz bei Haltung und Zucht. Die Taubenzüchter fahren heute kilometerweit durch den Pott, um die beringten Wettkampftauben mit der Konkurrenz zu messen. Als „Renner der Lüfte" gelten die Tauben von Züchter Fritz Eichenauer aus Gelsenkirchen-Buer. Ihm liegt die Taubenzucht im Blut: Schon sein Vater hat sich für Brieftauben begeistert. Mittlerweile hat er über 100 Tiere und gilt als einer der erfolgreichsten deutschen Taubenzüchter. Seit 1908 sind im Ruhrgebiet die meisten Brieftaubenvereine Deutschlands angesiedelt. Parallel zum Niedergang des Bergbaus im Ruhrgebiet ist jedoch auch die Taubenzucht mittlerweile ein seltener gewordenes Hobby.

Steinkohlebergbau

Ein Standbein der deutschen Industrie verliert an Bedeutung

1948 „Es kommt auf jede Tonne an", so lautete der einhellige Tenor in den Jahren nach dem Zweiten Weltkrieg. Für die Bergleute der Kohlenzechen im Ruhrgebiet, hier beim Verlassen des Grubenaufzugs, sicherten die Steinkohlevorkommen der Gegend seit Generationen den Arbeitsplatz. Für die deutsche Nachkriegsindustrie war die Kohle ein unerlässlicher Rohstoff und für das Wiedererstarken der Wirtschaft von elementarer Bedeutung. So wurde die Steinkohleförderung im Nachkriegsdeutschland zügig vorangetrieben, um den ständig steigenden Energiebedarf von Industrie und Bevölkerung decken zu können. Hierzu wurden die zerstörten Anlagen wiederaufgebaut, sodass man Mitte der 1950er-Jahre bereits wieder das Produktionsniveau der Vorkriegszeit erreichte.

Wirtschaftszweig im Rückgang Eine Gruppe von Bergmännern der Steinkohlezeche Prosper-Haniel bei Bottrop wartet darauf, nach ihrem Tagewerk vom Fahrstuhlkorb wieder ans Tageslicht gebracht zu werden. Heutzutage verliert der Bergbau, dessen wichtigste Abnehmer Kraftwerke und Kokereien sind, in Deutschland immer mehr an Bedeutung. Wichtiger als Kohle – umgangssprachlich noch heute ein Synonym für monetären Wohlstand – ist letztlich der erzielte Gewinn, und China und die USA, die weltweit größten Steinkohleförderer, bringen den Rohstoff inzwischen weitaus günstiger auf den Markt. Zwischen 4 und 5 Milliarden Tonnen Steinkohle werden jährlich auf der ganzen Welt gefördert, etwa 40 Prozent davon allein in der Volksrepublik. Aufgrund mangelnder Wirtschaftlichkeit werden in Deutschland immer mehr Zechen geschlossen. Hinzu kommen die Pläne, die Subventionierung des Steinkohlebergbaus bis zum Jahr 2018 einzustellen.

Arbeiter fordern ihr Recht
Von der Nachkriegszeit bis heute

1955 Von einem Lautsprecherwagen vor der Zeche Mansfeld in Bochum werden die letzten Arbeitswilligen aufgefordert, sich dem Streik der Bergleute und Stahlarbeiter anzuschließen. Ausgelöst hatte den Streik die Äußerung des Generaldirektors der Gutehoffnunghütte, Dr. Hermann Reusch (1896–1971), das neue Mitbestimmungsrecht im Montan- und Maschinenbauunternehmen sei von den Gewerkschaften erpresst worden. Den Industriegewerkschaften Bergbau und Metall zufolge beteiligten sich etwa 550 000 Bergleute und 240 000 Metall- und Stahlarbeiter im Ruhrgebiet an dem Streik. Der Produktionsausfall belief sich auf etwa 38 000 Tonnen Steinkohle sowie schätzungsweise 60 000 Tonnen Stahl und 40 000 Tonnen Roheisen.

Der Fall Nokia Diese Bilder gingen um die ganze Welt: Über 6000 Menschen bildeten am Sonntagnachmittag des 10. Februar 2008 rings um die Fabrikhallen des Bochumer Nokia-Werkes eine Menschenkette. Mit den mehr als 2000 Beschäftigten der Handyproduktionsstätte solidarisierten sich Tausende Demonstranten, die die Arbeitnehmer des Nokia-Betriebs in ihrem Protest gegen die Schließung des Standorts Bochum unterstützten. Zwar konnten die Arbeitnehmer und Demonstranten die Schließung des profitablen Werks, das im Jahr 2007 134 Millionen Euro Gewinn gemacht hatte, nicht verhindern, doch das Image des Unternehmens litt infolge des öffentlichkeitswirksamen Protests erheblich.

Register

A
Adolf V., Graf von Berg 124
Appeltatenfest 15
Arena auf Schalke 31, 142
Auer&Weber 131
August-Thyssen-Stiftung 125

B
Baldeneysee 112
Battle of the Ruhr 7
Bergarbeitersiedlungen 56, 70, 76 f.
Bergbaumuseum 59
Bergisch-Märkische-Eisenbahn 80
Bergkamen 68 f.
Binnenhafensystem, größtes 122
Bochum 7
- Ehrenfeld 34 f.
- Gaskraftzentrale 91
- Jahrhunderthalle 90 f.
- Knappschaftsgebäude 34
- Königsallee 37
- Kuhhirtendenkmal 104 f.
- Marktplatz 105
- Musikzentrum 103
- Opel-Werk 88 f.
- Schauspielhaus 36 f.
- St. Marien 102 f.
- St. Peter und Paul 105
- St. Meinolphus-Mauritius-Kirche 34
- Stadttheater 36
- Sternwarte 92 f.
- Trankgasse 104
- Varietétheater Apollo 36
- Varietétheater Orpheum 35
Borussia Dortmund 43, 144, 146
Botta, Mario 8
Bottrop
- Gartenstadt 70
- Rathaus 100 f.
- Welheim 70
Brandt, Carl 150
Brieftaubenvereine 153
Brusis, Ilse 86
Buna Werke 13

C
Chemiepark Marl 12

D
Demnig, Gunter 13
Derix, Werkstatt 103
Dortmund
- Adler Apotheke 40
- Alte Synagoge 38 f.
- Alter Markt 40 f., 52
- Bibliothek 38
- Bläserbrunnen 40
- Brauereiviertel 46
- Brückstraßenviertel 44 f.
- Burgtor 49
- Burgwall 48 f.
- Derne 95
- Gildehäuser 40
- Hansa Carré 53
- Hauptbahnhof 108 f.
- Haus der Bibliotheken 52
- Hiltropwall 38 f.
- Hörde 94
- Karstadt-Technikhaus 44
- Kaufhaus Althoff 38
- Kriegerdenkmal 38
- Krone am Markt 42
- Kronenburg 42
- Museum Ostwall 47
- Olympia Varietétheater 49
- Porta Urbis 49
- Rüstungshochburg 106
- Sportpalast 53
- St. Reinoldi-Kirche 50
- Stadtfest 41
- Stahlindustrie 94
- Theater 39
- Union Brauerei 46
- U-Turm 47
- Westenhellweg 45
- Westfalenhalle 54 f., 148 f.
- Westfalenstadion 146
- Wirtshaus Krone 42
- Zentrum für Kunst und Kreativität 47
Dortmund-Ems-Kanal 114 f., 118
Dortmunder Actien-Brauerei 43
Duisburg 78 f.
- Hauptbahnhof 16
- Admiral-Scheer-Brücke 122
- Altstadt 122
- Ausgrabungen 111
- Berliner Brücke 122
- Börsensaal 19
- Brüderstraße 111
- Centralbahnhof 16
- Hafen 18, 81
- Huckingen 134 f.
- Karmeliterinnenkloster 111
- Karmelkirche 111
- Königstraße 132
- Liebfrauenkirche 110 f.
- Lindenallee 133
- Marientor 122
- Meidericher Hüttenwerk 78
- Mercatorhaus 132
- Minoritenkirche 111
- MSV-Arena 136
- Neudorf 136
- Portsmouthplatz 16
- Rathaus 110
- Rheinhausen 138
- Ruhrort 18, 122
- Salvatorkirche 110
- Schifferbörse 18 f.
- Wasserspiel Lifesaver 133
- Wedaustadion 136 f.

E
Eisen- und Stahlwerk Hoesch AG 94
Eisenhütten 7
Emscherschnellweg 120
Erlemann, Clemens 34
Essen 22
- Altendorfer Straße 25
- Colosseum 82
- Einkaufsstadt 22
- Hotel Handelshof 22 f.
- im Licht 140
- Kettwiger Straße 22 f.
- Krupp 24
- Krupp-Gürtel 25
- Kulturhauptstadt 23, 27
- Lichtwochen 140 f.
- Musicaltheater 83
- Stadthafen 118 f.
- Steinkohlebergwerk 84
- Vogelheim 26
- Willy-Brandt-Platz 22 f.

F
FC Schalke 04 30, 142 ff.
Fischer, Alfred 64
Foster, Sir Norman 122
Friedrich Wilhelm IV., König 132
Fürstenau, Eduard 38

G
Gelsenkirchen
- Altstadt 29
- Arena 30
- FC Schalke 04 142
- Kirchstraße 28 f.
- Kraftwerk Scholven 62
- Parkstadion 30, 142, 146
- Rüstungsindustrie 28
Gewerbepark Brauck 117
Gewerkschaft Königsborn 56
Gladbeck 116
- Brauck 15
- Schrebergärten 62
- Stadt, sportgerechte 15
- Zechensiedlung 14 f.
Gläserner Elefant 66
Glückauf Kampfbahn 120
Gussstahlfabrik Friedrich Krupp 82
Gutehoffnungshütte 72, 74

H
Hagen
- Brandt, Zwieback und Keksfabrik 150
- Friedrich-Ebert-Platz 61
- Rathaus 60 f.
- Rathausturm 61
- Volmegalerie 61
Hamm 64
- Alfred-Fischer-Halle 65
- Gartenkunst 67
- Maximilianpark 67
- Schmetterlingshaus 67
Haniel, Franz 84, 86
Hansa Kaufleute 40
Hansmann, Wilhelm 106
Henrichenburg 114
Henßler, Fritz 106
Hermannshütte 94
Herne
- Bahnhofstraße 32 f.

- Bonifatiuskirche 33
- Kreuzkirche 33
Heuss, Theodor 55, 131
Hoesch AG 94 f.
Hoesch, Leopold 94
Höltje, Walter 55
Hundertwasser, Friedensreich 66
Hüttenwerk Union 94
Hüttenwerke Krupp Mannesmann 135
Hüttenwerke Phönix AG 94

I
IBA Emscher Park 74
Institut für
- Umwelt und Zukunftsforschung 92
- Weltraumforschung 92
- Zeitungsforschung 52

K
Kamen
- Arbeiterhäuser 56
- Heeren-Werve 56
- Reinhardstraße 56
- Zechensiedlung 57
Kamener Zeche 57
Kaminski, Prof. Heinz 92
Kamp Lintfort 121
Kap Kaminski 92
Kapp-Putsch 100
Kloster Werden 101
Knappschaftsverein Bochum 35
Kocks Loch 127
Kohlenreviere 7
Kohlerunde 96
Königsblaue 30
Kortebusch, Fritz 104
Krupp Park 24
Krupp Stahl AG 91
Krupp, Friedrich, Theresia, Alfred 24
Kruse, Walter 105

L
Landesgartenschau NRW 67
Logport 139

M
Mannesmann Röhrenwerke 134
Mannsfeldsche Kupferschiefer bauende Gewerkschaft 64
Margarine 28
Marl
- Goliath 10 f.
- Hülsstraße 12 f.
Marler Stern 12
Martin, Reiner 67
Miller, Ferdinand von 38
Moltke, Helmut Graf von 116
Moog, Emil 46
MSV Duisburg 136
MSV-Arena 137
Mühlheim
- Rhein-Ruhr-Hafen 80 f.
- Ruhrauen 126 f.
Museumsraddampfer Oscar Huber 19

N
Nacht der 1000 Feuer 138
Neue Mitte Oberhausen 72, 74 f.
Newcomen, Thomas 58
Nokia-Werk 157

O
Oberhausen 77
- Centro 75
- Eisenheim 20
- Gasometer 72, 75
- Naherholungsgebiet 21
- Osterfeld 20, 72
- Stemmersberg 20
- Sterkrade 20
Öko-Zentrum NRW 65
Olfen 114
Olympiade des Lichts 140

P
Pott 129
Pridik, Wedig 67
Privatbrauerei Dortmunder Kronen 40

R
Ratingen
- Schloss Landsberg 124 f.
Recklinghausen
- Ruhrfestspiele 130
- Ruhrfestspielhaus 131
Reinoldiforum 51
Relleke, Dr. Horst 66
Reusch, Dr. Hermann 156
Revierderby 144 ff.
Rhein-Herne-Kanal 26, 81, 118 f.
Rhein-Ruhr-Hafen 127
Rote Ruhrarmee 100
Ruhrauen 126
Ruhrfestspiele 130 f.
Ruhrglas AG 70
Ruhrschifffahrt 80
Ruhrtal-Bahn 80
RVR 7
RWE 27

S
Saarner Aue 127
Saint Phalle, Nicky de 133
Saline Königsborn 58
Salzgewinnung 58
Schalla, Hans 36
Schloss Landsberg 124 f.
- Mausoleum Thyssen 125
Schmeling, Max 54
Schmiemann, August 104
Schmitt, Saladin 36
Schürmannshof 128
Seseke 56
Siemens-Martin-Stahlwerk 134
St. Antony-Hütte 20, 72, 76
Stadion Rote Erde 144
Steinkohlebergbau 12, 154 f.
Stift Essen 26
Stolpersteine 13
Strobel, Hans 54

T
Taubenzuchtvereine 152
Theaterfestival Ruhr-Trienale 91
Thyssen, August 78, 125
ThyssenKrupp 79, 95
Tinguely, Jean 133
Tomson, Eugen 97
Tomson-Bock 97

U
Unna
- Bergbaumuseum 59
- Dampfmaschine 58 f.
- Königsborn 59
- Solequellen 59

V
Veltins Arena 31
- Kapelle 31
Vieth, Kurt Hubert 102
Vogelheimer Klinge 26

W
Waltrop 114 f.
Watt, James 58
Weimarer Republik 100
Weltkulturerbe Zeche Zollverein 85 f.
Wenkers 40
Westfalenhalle 54 f.
Westfalenhütte 94
Westfälisches Industriemuseum 114
Westfälisches Museum für Archäologie 33
Wirtschaftswunder 99

Z
Zebras 137
Zeche
- Auguste Victoria/Blumenthal 12
- Brassert 12
- Consolidation 30
- Gneisenau 95
- Graf Moltke 116
- Haus Aden 68 f.
- Hugo Haniel 76
- Humboldt 80
- König Ludwig 130
- Königsborn 56
- Mansfeld 156
- Maximilian 66
- Mevissen 139
- Monopol 56 f.
- Neu-Monopol 68 f.
- Oberhausen 76
- Osterfeld 20 f.
- Prosper 101
- Rieckchen 116
- Sachsen 64
- Sellerbeck 80
- Sterkrade 76
- Vereinigte Welheim 70
- Zollverein 84 ff.
Zechenstilllegung 21, 96

Bildnachweis

Für die Bereitstellung von Bildmaterial zur Verwendung in diesem Buch dankt der Verlag der Bildagentur picture alliance.

pa•picture alliance

Seite 2 picture-alliance/Bildagentur Huber/Kornblum **6** picture-alliance/Sander/Sabine Reichel **8** picture-alliance/dpa/Stefan Ziese **10/11** picture-alliance/dpa/Rolf Vennenbernd **12** picture-alliance/dpa Heinz Ducklau **13** picture-alliance/dpa/Horst Ossinger **14/15** picture-alliance/dpa/Horst Ossinger **17o** picture-alliance/akg-images **17u** picture-alliance/dpa/Horst Ossinger **18** picture-alliance/Bundesarchiv/Bild183-R95681 **19** picture-alliance/dpa/Horst Ossinger **20/21** picture-alliance/dpa/Horst Ossinger **22** picture-alliance//KPA/Andres **23** picture-alliance/blickwinkel/S. Ziese **24** picture-alliance/akg-images **25** picture-alliance/dpa/Horst Ossinger **26** picture-alliance/akg-images **27** picture-alliance/dpa/Roland Weihrauch **28** picture-alliance/akg-images **29** picture-alliance/dpa/Horst Ossinger **30** picture-alliance/dpa/Elmar Hartmann **31** picture-alliance/ZB/euroluftbild.de **32** picture-alliance/Bundesarchiv/Detlef Gräfingholt/B145Bild-F023123-0001 **33** picture-alliance/dpa/Horst Ossinger **34** picture-alliance/Bundesarchiv/Bild183-2008-0312-503 **35** picture-alliance/dpa/Horst Ossinger **36** picture-alliance/akg-images **37** picture-alliance/blickwinkel/S. Ziese **38** picture-alliance/akg-images **39** picture-alliance/dpa/Horst Ossinger **40/41** VEMAG Verlags- und Medien AG **42/43** VEMAG Verlags- und Medien AG **44** picture-alliance/akg-images **45** picture-alliance/dpa/Horst Ossinger **46** picture-alliance/dpa/Bernhard Frye **47** picture-alliance/Arco Images GmbH **48** picture-alliance/Bundesarchiv/Bild146-2008-0033 **49** picture-alliance/dpa/Horst Ossinger **50** VEMAG Verlags- und Medien AG **51** picture-alliance/Arco Images GmbH **52** picture-alliance/dpa/Fritz Fischer **53** VEMAG Verlags- und Medien AG **54** picture-alliance/akg-images **55** picture-alliance/dpa/Bernd Thissen **56** picture-alliance/dpa/DB **57** picture-alliance/dpa/Horst Ossinger **58** picture-alliance/Bundesarchiv/Bild146-2008-0037 **59** picture-alliance/dpa/Horst Ossinger **60** picture-alliance/akg-images **61** picture-alliance/dpa/Horst Ossinger **62** picture-alliance/dpa/Horst Ossinger **64** picture-alliance/dpa/Hannes Hemann **65** picture-alliance/dpa/Horst Ossinger **66** picture-alliance/dpa/Hartmut Reeh **67** picture-alliance/HB-Verlag/Ralph Lueger **68** picture-alliance/dpa/Franz-Peter Tschauner **69** picture-alliance/dpaweb/Franz-Peter Tschauner **70/71** picture-alliance/dpa/Horst Ossinger **72** picture-alliance/Imagno/Austri **73o** picture-alliance/Imagno/Walter Vogel **73u** picture-alliance/dpa/Horst Ossinger **74** picture-alliance/dpa/Stephan Jansen **75** picture-alliance/dpa/Horst Ossinger **76/77** picture-alliance/dpa/Horst Ossinger **78** picture-alliance/dpa/Georg Brock **79** picture-alliance/dpaweb/Felix Heyder **80** picture-alliance/Bundesarchiv/Bild183-R23152 **81** picture-alliance/dpa/Horst Ossinger **82** picture-alliance/dpa/Fotoreport Historisches Archiv **83** picture-alliance/dpa/Uta Rademacher **84** picture-alliance/akg-images/Florian Profitlich **85** picture-alliance/dpa/Achim Scheidemann **86** picture-alliance/dpa/Martin Gerten **87** picture-alliance/dpa/Achim Scheidemann **88** picture-alliance/dpa/Opel **89** picture-alliance/dpa/Franz-Peter Tschauner **90o** picture-alliance/dpa **90u** picture-alliance/dpa/Bernd Thissen **91** picture-alliance/dpa/Roland Weihrauch **92** picture-alliance/dpa **93** picture-alliance/dpa/Horst Ossinger **94** picture-alliance/akg-images **95** picture-alliance/dpa/Bernd Thissen **96** picture-alliance/dpa/Wilhelm Leuschner **97** picture-alliance/dpaweb/Bernd Thissen **98** picture-alliance/akg-images **100** picture-alliance/akg-images **101** picture-alliance/Arco Images GmbH **102** picture-alliance/Bundesarchiv/Bild146-2008-0032 **103** picture-alliance/ZB/euroluftbild.de **104** picture-alliance/Bundesarchiv/Bild183-2008-0312-501 **105** picture-alliance/Okapia/Werner Otto **106/107** VEMAG Verlags- und Medien AG **108** picture-alliance/akg-images **109** picture-alliance/dpa/Horst Ossinger **110** picture-alliance/Bundesarchiv/Wolf Saar/Bild146-2008-0034 **111** picture-alliance/dpa/Horst Ossinger **112** picture-alliance/HB-Verlag/Ralph Lueger **114/115** picture-alliance/dpa/Bernd Thissen **116** picture-alliance/dpa/Franz-Peter Tschauner **117** picture-alliance/dpa/Horst Ossinger **118** picture-alliance/kpa/Andres **119** picture-alliance/dpa/Horst Ossinger **120/121** picture-alliance/dpa/Horst Ossinger **123o** picture-alliance/kpa/Mosler **123u** picture-alliance/dpa/Horst Ossinger **124** picture-alliance/dpa/Bifab 145539 **125** picture-alliance/dpa/Horst Ossinger **126** picture-alliance/Bundesarchiv/Brenner/Bild183-2008-0312-500 **127** picture-alliance/dpa/Horst Ossinger **128** picture-alliance/Imagno/Walter Vogel **130** picture-alliance/dpa **131** picture-alliance/HB-Verlag/Ralph Lueger **132** picture-alliance/dpa/Roland Scheidemann **133** picture-alliance/Okapia/Werner Otto **134** picture-alliance/dpa/Wofgang Hub **135** picture-alliance/dpa/Horst Ossinger **136** picture-alliance/dpa/Elmar Hartmann **137** picture-alliance/kpa/Euroluftbild **138** picture-alliance/Sven Simon **139** picture-alliance/dpa/Roland Weihrauch **140** picture-alliance/dpa/Heinz Ducklau **141** picture-alliance/dpa/Bernd Thissen **142** picture-alliance/dpa/Hartmut Reeh **143o** picture-alliance/dpa/Franz-Peter Tschauner **143u** picture-alliance/Sven Simon **144/145o** picture-alliance/Schirner Sportfoto **145u** picture-alliance/dpa **146** picture-alliance/dpa/Bertram **147o** picture-alliance/Sven Simon **147u** picture-alliance/Sven Simon **148** picture-alliance/akg-images **149** picture-alliance/Sven Simon/Franz Wälischmiller **150** picture-alliance/Bundesarchiv/Ulrich Wienke/B145Bild-F038498-0015 **151** picture-alliance/ZB/Martin Schutt **152** picture-alliance/dpa/Bernhard Frye **153** picture-alliance/dpa/Horst Ossinger **154** picture-alliance/akg-images/Tony Vaccaro **155** picture-alliance/dpa/Felix Heyder **156** picture-alliance/dpa **157** picture-alliance/dpa/Felix Heyder

Verlag und Redaktion bedanken sich ganz besonders bei Tanja Göbl und Ellen Hansmann für die unermüdliche Unterstützung bei der Bildredaktion zu diesem Buch.